우리는 왜 잘못된 선택을 반복할까

선택이 반복되는 순간들에 대한 이야기

우리는 왜 잘못된 선택을 반복할까

김영도 지음

다온길

프롤로그

우리는 왜 같은 선택을 또 하게 될까

퇴근길, 카페 앞을 지나가던 한 사람이 잠시 멈춰 선다. 오늘은 집에 가서 쉬기로 마음먹었는데, 문득 "오늘 하루는 힘들었으니까 괜찮겠지"라는 생각이 스친다. 그는 잠시 고민하다가 결국 문을 열고 들어간다. 커피 한 잔을 주문하고 자리에 앉는 순간, 어쩐지 익숙한 기분이 든다. 그리고 집으로 돌아가는 길에 이렇게 생각한다. "내일은 안 그래야지." 그런데 이상하게도 다음 날, 또 같은 장면이 반복된다.

우리는 분명 다르게 살고 싶다고 말한다. 더 나은 선택을 하고 싶고, 더 후회 없는 방향으로 가고 싶다고 생각한다. 그런데 현실을 돌아보면 비슷한 순간에 비슷한 선택을 하고, 같은 이유로 같은 행동을 반복하는 경우가 많다. 마치 누군가 정해놓은 길을 따라가는 것처럼 자연스럽게, 그리고 거의 아무런 의심 없이 그 선택을 다시 하게 된다.

한 학생은 시험이 다가오면 늘 같은 패턴을 반복한다. "오늘은 진짜 공부해야지"라고 마음먹지만, 막상 책상 앞에 앉으면 휴대폰을 먼저 들여다본다. 잠깐만 보려고 했던 영상이 어느새 한 시간이 되고, 다시 마음이 급해져서 "내일부터 제대로 하자"라고 스스로를 설득한다. 그리고 다음 날, 같은 장면이 다시 시작된다. 그는 게으른 사람이어서 그런 걸까, 아니면 의지가 부족해서일까.

또 어떤 사람은 인간관계에서 비슷한 경험을 반복한다. 처음에는 분명 다르게 행동하겠다고 다짐하지만, 어느 순간 익숙한 방식으로 말하고 반응하게 된다. 나중에 돌아보면 "왜 또 그렇게 말했을까"라는 생각이 들지만, 다음에도 비슷한 상황이 오면 같은 선택을 하게 된다. 우리는 매번 새로운 상황이라고 생각하지만, 실제로는 같은 흐름 속에서 움직이고 있는지도 모른다.

이상한 점은 우리는 그 선택이 문제라는 것을 알고 있다는 것이다. "이건 아닌 것 같은데"라는 생각이 스치고, "다르게 해야 하는데"라는 마음도 분명 존재한다. 그런데도 우리는 결국 같은 방향으로 움직인다. 마치 생각과 선택 사이에 보이지 않는 간격이 있는 것처럼, 우리는 아는 것과 다르게 행동한다.

그래서 중요한 질문은 이것이다. 우리는 왜 같은 선택을 또 하게 되는 걸까. 정말 의지가 부족해서일까, 아니면 우리가 미처 보지 못한 다른 이유가 있는 걸까. 어쩌면 문제는 선택 자체가 아니라, 그 선택이 만들어지는 방식에 있을지도 모른다.

우리는 바로 그 지점을 따라간다. 우리가 왜 같은 선택을 반복하는지, 그 선택은 어떻게 만들어지고 이어지는지, 그리고 어떻게 하면 조금 다른 방향으로 움직일 수 있는지를 하나씩 풀어본다. 익숙한 선택의 이유를 이해하는 순간, 우리는 비로소 다른 선택을 시작할 수 있기 때문이다.

차 례

PART 1
우리는 왜 쉽게 선택한다고 믿을까

PART 2
우리는 왜 감정에 흔들릴까

PART 1

우리는 왜 쉽게
선택한다고 믿을까

01

————

생각보다 빨리 결정되는 순간

사람들은 대개 자신의 선택이 충분한 고민과 판단을 거쳐 이루어진다고 믿는다. 그래서 어떤 결정을 내린 뒤에는 그 과정을 되짚으며 "그래도 여러 가지를 생각해보고 선택했다"는 확신을 자연스럽게 만들어낸다. 하지만 현장에서 반복적으로 관찰되는 장면을 떠올려보면, 많은 선택은 우리가 인식하는 것보다 훨씬 이른 순간에 이미 방향이 정해진다. 회의가 시작되고 의견이 오가는 것처럼 보이지만, 몇 분이 채 지나지 않아 분위기가 한쪽으로 기울고, 이후의 논의는 그 흐름을 확인하는 과정으로 이어지는 경우가 많다. 이 지점에서 우리는 익숙하지만 불편한 질문과 마주하게 된다. 우리는 정말 생각한 뒤 선택하는 걸까, 아니면 이미 시작된 선택을 나중에 설명하고 있는 걸까.

처음 10초 안에 이미 만들어지는 선택의 방향

사람은 어떤 선택을 할 때 충분히 고민한다고 느끼지만 실제로는 첫 인상과 느낌이 이미 판단의 방향을 만들어놓는 경우가 많다. 새로운 아이디어를 접하는 순간 우리는 그 내용이 충분히 이해되기도 전에 "이건 괜찮겠다" 혹은 "이건 좀 아닌데"라는 느낌을 먼저 받게 되고 그 느낌은 매우 짧은 시간 안에 형성되지만 이후의 판단 전체를 지배하는 기준으로 작용한다. 철학적으로 보면 인간은 이성적 판단을 통해 세계를 이해하는 존재라기보다 느낌과 직관을 통해 먼저 방향을 정하고 그 뒤에 이성을 붙이는 존재에 가깝다. 그래서 우리는 논리적으로 선택했다고 믿지만 실제로는 이미 형성된 첫 인상을 설명하는 경우가 많고 그 설명 과정이 길어질수록 우리는 더 신중하게 판단했다고 착각하게 된다. 회의에서 누군가의 발표가 끝나기도 전에 고개를 끄덕이거나 미묘한 표정이 바뀌는 순간이 바로 그 장면이며 그 짧은 순간이 이후 한 시간의 회의 분위기를 결정짓는 경우도 적지 않다.

익숙함이 판단을 대신하는 가장 강력한 기준

조직 안에서는 특히 익숙함이 매우 강력한 판단 기준으로 작동한다, 반복되는 업무와 경험 속에서 사람들은 점점 더 빠르게 판단하는 방식에 익숙해지고 그 과정에서 새로운 가능성은 자연스럽게 배제되기 시작한다. 심리학에서는 이를 인지적 효율성이라고 설명하는데 인간은 에너지를 절약하기 위해 이미 알고 있는 방식으로 판단하려는 경향이 있기 때문이다. 그래서 과거에 성공했던 방식은 별다른 검토 없이도 자연스럽게 옳은 선택처럼 느껴지고 반대로 낯선 방식은 검토되기도 전에 위험하거나 비현실적인 선택으로 분류된다. 한 조직에서 새로운 프로젝트 방식을 도입하려고 했지만 결국 "예전 방식이 더 안정적이다"라는 이유로 돌아가는 장면은 생각보다 흔하며 이때 선택은 비교의 결과가 아니라 익숙함이 만들어낸 반응에 가깝다. 우리는 새로운 것을 검토한다고 믿지만 실제로는 익숙한 것을 유지하려는 방향으로 선택하고 있는 경우가 많다.

우리는 왜 고민을 오래 했다고 믿게 되는가

흥미로운 점은 이런 빠른 선택의 과정을 사람들 대부분이 거의 인식하지 못한다는 것이다. 오히려 회의가 길어질수록 더 신중하게 판단했다고 느끼고 다양한 의견을 들었기 때문에 올바른 선택을 했다고 확신하게 된다. 하지만 심리학에서는 이를 사후 합리화라고 부르며 이미 내려진 결정을 정당화하기 위해 나중에 이유를 만들어내는 과정으로 설명한다. 우리는 선택을 하기 위해 생각하는 것이 아니라 이미 선택한 것을 설명하기 위해 생각하는 경우가 더 많다. 그래서 긴 시간의 고민은 새로운 선택을 만들기보다 기존 선택을 더 단단하게 만드는 역할을 하게 되고 그 결과 우리는 같은 방식의 결정을 반복하면서도 매번 다른 고민을 했다고 착각하게 된다. 이 구조를 인식하지 못하면 우리는 계속 같은 선택을 하면서도 스스로는 변화하고 있다고 믿게 된다.

정보를 모으는 것이 아니라 확신을 강화하는 방식

일상에서도 비슷한 장면은 쉽게 발견된다. 어떤 물건을 사기로 마음먹은 뒤 우리는 다양한 정보를 찾아보며 더 좋은 선택을 하고 있다고 생각하지만 실제로는 이미 마음속으로 정해진 선택을 확인하는 경우가 많다. 우리는 마음에 드는 제품의 긍정적인 리뷰는 오래 읽고 부정적인 정보는 빠르게 넘기며 선택을 강화하는 방향으로 움직인다. 철학적으로 보면 인간은 객관적인 진실을 찾기보다 자신이 믿고 싶은 것을 더 확실하게 만들려는 존재에 가깝다. 그래서 우리는 정보를 통해 더 나은 선택을 한다고 믿지만 실제로는 이미 기울어진 선택을 더 확신하는 과정을 반복하고 있을 뿐이다. 충분히 고민했다는 느낌은 실제 판단의 깊이와는 무관하게 선택을 지지하는 정보의 양에 의해 만들어지는 경우가 많다.

선택은 결정보다 훨씬 이전에 시작되고 있었다

이쯤에서 우리는 한 번 더 질문해볼 필요가 있다. 우리는 정말 선택을 하는 사람일까 아니면 이미 시작된 선택을 따라가고 있는 사람일까, 이 질문을 던지는 순간 익숙했던 장면들이 조금씩 다르게 보이기 시작한다. 선택은 결정을 내리는 그 순간에만 존재하는 것이 아니라 그 이전의 느낌과 경험 그리고 익숙함 속에서 이미 만들어지고 있다는 사실이 드러나기 때문이다. 우리가 선택을 더 잘하기 위해 필요한 것은 더 많은 정보나 더 긴 고민이 아닐지도 모른다. 오히려 선택이 시작되는 그 순간을 알아차리는 것이 더 중요할 수 있다. 그리고 그 순간을 인식하는 순간 우리는 비로소 같은 상황에서도 이전과는 다른 선택을 할 수 있는 가능성 앞에 서게 된다. 선택은 늦게 바뀌는 것이 아니라 생각보다 훨씬 이른 순간에서부터 이미 달라질 수 있는 것이다.

선택은 충분한 사고의 결과처럼 보이지만, 실제로는 그보다 훨씬 이전의 느낌과 직관에서 시작되는 경우가 많다. 인간은 먼저 느끼고 나중에 생각하는 존재이며, 이성은 선택을 만드는 힘이기보다 이미 시작된 선택을 설명하는 역할에 더 가깝다. 그래서 우리는 스스로를 합리적인 존재라고 믿지만, 그 합리성은 종종 느낌이 만든 방향 위에 덧붙여진 이야기일 뿐이다. 결국 선택의 본질은 판단의 순간이 아니라, 판단이 시작되기도 전에 형성된 흐름 속에 있다.

02

익숙함이 선택을 대신하는 이유

    사람들은 선택을 할 때 다양한 가능성을 비교하고 가장 합리적인 결론에 도달한다고 믿는다. 그래서 어떤 결정을 내린 뒤에는 그 과정을 되돌아보며 충분히 생각했고 나름대로 신중하게 판단했다는 확신을 자연스럽게 만들어낸다. 하지만 현장에서 반복적으로 관찰되는 장면을 조금만 천천히 들여다보면, 많은 선택은 비교와 검토의 결과라기보다 이미 익숙한 방향으로 흘러가는 경우가 더 많다는 사실이 보인다. 우리는 선택을 하고 있다고 느끼지만, 실제로는 이미 알고 있는 방식, 이미 해봤던 길, 이미 편안하게 느껴지는 방향을 다시 고르고 있을 가능성이 훨씬 크다. 그리고 이 반복은 너무 자연스럽기 때문에 스스로도 거의 인식하지 못한 채 계속 이어진다. 이렇게 익숙함은 판단의 과정을 대신하면서도 마치 스스로 결정한 것처럼 느끼게 만든다.

익숙함은 왜 항상 '맞는 선택'처럼 느껴지는가

사람은 낯선 것보다 익숙한 것을 더 안전하고 합리적인 선택처럼 느끼는 경향을 가지고 있다. 철학적으로 보면 인간은 불확실성을 줄이기 위해 세계를 단순화하려는 존재이며 그 과정에서 가장 쉽게 붙잡을 수 있는 기준이 바로 익숙함이다. 한 번 경험해본 방식은 그 결과가 완벽하지 않았더라도 예측 가능하다는 이유만으로 더 안정적인 선택처럼 보이게 된다. 그래서 우리는 더 나은 선택이 있음에도 불구하고 이미 알고 있는 방식을 선택하고 그 선택을 "현실적인 판단"이라고 부른다. 실제로는 안전하다고 느끼는 느낌이 판단을 대신하고 있음에도 우리는 그것을 이성적인 결정으로 해석하게 된다. 결국 익숙함은 선택의 기준이 아니라 선택을 대신하는 가장 강력한 느낌으로 작동하고 있는 셈이다.

경험이 쌓일수록 선택이 더 자유로워질까

많은 사람들은 경험이 많아질수록 더 좋은 선택을 할 수 있다고 생각하지만 현실에서는 그 반대의 장면도 자주 나타난다. 경험은 분명 판단을 빠르게 만들어주지만 동시에 새로운 가능성을 보지 못하게 만드는 틀로 작용하기도 한다. 조직 안에서 오래 일한 사람이 새로운 방식을 받아들이기 어려워하는 이유도 여기에 있다. 이미 익숙한 방식이 머릿속에 강하게 자리 잡고 있기 때문에 다른 선택지는 자연스럽게 배제되거나 과소평가된다. 그래서 경험은 선택을 돕는 도구가 되기도 하지만 동시에 선택을 제한하는 경계가 되기도 한다.

우리는 더 많이 알수록 더 자유롭게 선택할 수 있다고 믿지만 실제로는 더 익숙한 틀 안에서만 움직이게 되는 경우가 많다.

우리는 왜 낯선 선택 앞에서 망설이게 되는가

새로운 선택지를 마주했을 때 느껴지는 불편함은 단순한 기분이 아니라 인간의 인지 구조에서 비롯된 자연스러운 반응이다. 심리학에서는 이를 인지적 부담이라고 설명하는데 새로운 정보를 이해하고 판단하기 위해 더 많은 에너지가 필요하기 때문에 사람은 자연스럽게 이를 회피하려는 경향을 보인다. 그래서 새로운 방식은 논리적으로 더 나아 보이더라도 "복잡하다"거나 "비효율적일 것 같다"는 이유로 쉽게 선택되지 않는다, 흥미로운 점은 이 불편함이 실제 위험과는 크게 관련이 없다는 것이다. 우리는 위험해서 피하는 것이 아니라 익숙하지 않기 때문에 피하는 경우가 훨씬 많고 그 선택을 나중에는 합리적인 판단이었다고 해석하게 된다. 결국 낯섦은 위험이 아니라 단지 익숙하지 않다는 사실일 뿐인데 우리는 그것을 과장해서 받아들이는 경우가 많다.

익숙함은 언제부터 선택을 대신하기 시작하는가

어느 순간부터 우리는 선택을 한다기보다 자동으로 반응하기 시작한다. 반복되는 환경 속에서 비슷한 상황을 계속 경험하게 되면 뇌는 더 이상 깊이 생각하지 않고 빠르게 판단하는 방식을 선택하게 된다. 이 과정에서 익숙함은 점점 더 강력한 기준으로 자리 잡고 결국 선택 자체를 대신하게 된다. 회의에서 새로운 아이디어가 나왔을 때 충분히 검토하기도 전에 "이건 좀 아닌 것 같다"는 말이 먼저 나오는 순간이 바로 그 장면이다. 그 판단은 논리의 결과가 아니라 익숙함에서 비롯된 반응일 가능성이 높다. 우리는 여전히 선택을 하고 있다고 믿지만 실제로는 이미 만들어진 기준에 따라 움직이고 있는 경우가 많다. 그리고 이 구조가 반복될수록 선택은 점점 더 자동화된다.

익숙함을 인식하는 순간 비로소 선택이 시작된다

이쯤에서 우리는 한 가지 중요한 질문을 던질 수 있다. 우리는 정말 더 나은 선택을 하고 있는 걸까 아니면 더 익숙한 선택을 반복하고 있는 걸까, 이 질문을 던지는 순간 익숙함이 얼마나 강하게 우리의 판단을 지배하고 있었는지 조금씩 보이기 시작한다. 선택의 질을 바꾸는 것은 더 많은 정보가 아니라 익숙함을 인식하는 순간일지도 모른다. 우리가 익숙함을 기준으로 선택하고 있다는 사실을 알아차리는 순간 그 기준은 더 이상 절대적인 것이 아니라 하나의 선택지로 바뀌게 된다. 그리고 바로 그때부터 우리는 비로소 다른 선택을 할 수 있는 가능성 앞에 서게 된다. 선택은 새로운 것을 찾는 데서 시작되는 것이 아니라 익숙한 것을 다시 바라보는 데서 시작될 수 있다. 그리고 그 작은 인식의 변화가 결국 전혀 다른 결과로 이어질 수 있다.

익숙함은 단순한 습관이 아니라 인간이 세상을 이해하고 견디기 위해 만들어낸 하나의 사고 방식이다. 철학에서는 인간이 불확실성을 줄이기 위해 익숙한 질서를 반복하려는 경향을 오래전부터 이야기해왔고, 심리학에서도 사람은 새로운 판단보다 이미 알고 있는 판단을 더 쉽게 선택한다는 점이 반복적으로 확인된다. 우리는 선택을 하고 있다고 느끼지만, 실제로는 익숙함이라는 기준 안에서 움직이고 있을 가능성이 크다. 그래서 선택이 반복될수록 그것은 더 자연스럽게 느껴지고, 자연스러움은 곧 옳음으로 착각되기 쉽다.

03

선택은 이미 시작되고 있었다

　사람들은 선택이란 언제나 결정을 내리는 순간에 이루어진다고 생각한다. 그래서 어떤 결정을 내리고 나면 그 시점을 기준으로 이전과 이후를 나누고, 그 선택이 얼마나 신중했는지를 판단한다. 하지만 실제 현장에서 반복적으로 관찰되는 장면을 보면, 선택은 그 순간에 시작되는 것이 아니라 훨씬 이전부터 이미 만들어지고 있는 경우가 많다. 우리는 결정을 내리는 그 순간을 "선택"이라고 부르지만, 그 순간은 오히려 이미 기울어진 방향을 확인하는 마지막 단계에 가까울지도 모른다. 이 지점에서 질문이 하나 생긴다. 선택은 언제 시작되는 것일까.

선택은 생각보다 훨씬 이전의 순간에서 시작된다
　우리는 선택을 하기 위해 생각한다고 믿지만 실제로는 생각하기

전부터 이미 선택의 방향이 만들어지고 있는 경우가 많다. 어떤 사람을 처음 만났을 때 이유 없이 느껴지는 호감이나 거리감, 새로운 아이디어를 들었을 때 설명을 다 듣기도 전에 형성되는 긍정이나 거부의 느낌은 모두 선택이 시작되는 초기의 신호에 가깝다. 철학적으로 보면 인간은 완전히 중립적인 상태에서 판단을 시작하는 존재가 아니라 이미 다양한 경험과 기억, 감정을 가진 상태에서 세계를 마주하는 존재다. 그래서 우리는 선택을 시작하기 전에 이미 선택의 방향을 가지고 있고 그 방향은 생각보다 쉽게 바뀌지 않는다. 이후의 고민과 판단은 그 방향을 조정하는 과정일 뿐 처음부터 완전히 새로운 선택을 만들어내는 과정은 아닐 수 있다.

보이지 않는 기준이 먼저 선택을 만들고 있다

우리는 선택을 할 때 기준을 세우고 판단한다고 생각하지만 실제로는 기준이 먼저 존재하고 그 기준이 선택을 만들어내는 경우가 많다. 그 기준은 명확하게 드러나지 않기 때문에 더 강하게 작동한다. 예를 들어 "안정적인 것이 좋다"는 생각을 가진 사람은 새로운 시도보다 익숙한 방식을 더 쉽게 선택하게 되고, "빠른 결과가 중요하다"는 기준을 가진 사람은 장기적인 선택보다 즉각적인 결과를 주는 선택을 선호하게 된다. 흥미로운 점은 이런 기준이 스스로 의식적으로 만든 것이 아니라 오랜 경험과 환경 속에서 자연스럽게 형성된다는 것이다. 그래서 우리는 기준을 바탕으로 선택을 하면서도 그 기준 자체는 거의 인식하지 못한 채 살아가는 경우가 많다.

감정은 선택의 출발점이 아니라 이미 시작된 방향이다

많은 사람들은 감정이 판단을 방해한다고 생각하지만, 실제로는 감정이 선택의 출발점 역할을 하는 경우가 더 많다. 어떤 선택이 편안하게 느껴지거나 불편하게 느껴지는 순간 이미 선택은 한쪽으로 기울기 시작한다. 심리학적으로 보면 감정은 단순한 반응이 아니라 경험을 압축한 신호에 가깝다. 그래서 우리는 이유를 설명하기 전에 먼저 느낌으로 선택의 방향을 잡고, 그 다음에 그 선택을 설명할 논리를 찾는다. "왠지 이게 맞는 것 같다"는 말은 단순한 감상이 아니라 이미 선택이 시작되었다는 신호일 수 있다. 우리는 감정이 선택 이후에 따라오는 것이라고 생각하지만 실제로는 그 반대일 가능성이 더 크다.

환경은 우리가 모르는 사이 선택을 설계하고 있다

선택은 개인의 의지로만 이루어지는 것이 아니라 우리가 놓여 있는 환경에 의해 크게 영향을 받는다. 어떤 선택지가 먼저 제시되느냐, 어떤 방식이 기본값처럼 주어지느냐에 따라 우리는 전혀 다른 결정을 내리게 된다. 조직 안에서도 비슷한 장면이 반복된다. 처음 제안된 아이디어가 기준이 되어 이후의 회의가 그 방향 안에서만 이루어지거나, 기존 방식이 기본값으로 설정되어 새로운 시도가 자연스럽게 배제되는 경우가 많다. 우리는 스스로 선택한다고 느끼지만 실제로는 이미 설계된 흐름 안에서 움직이고 있을 가능성이 크다. 선택은 개인의 결단이라기보다 환경과 구조 속에서 만들어지는 과정일 수 있다.

결정의 순간은 선택의 시작이 아니라 확인의 단계일지도 모른다

이쯤에서 우리는 한 번 더 생각해볼 필요가 있다. 우리가 선택했다고 믿는 그 순간은 정말 선택이 이루어진 시점일까, 아니면 이미 시작된 흐름을 확인하는 마지막 단계일까, 이 질문을 던지는 순간 선택에 대한 시선이 조금씩 달라지기 시작한다. 선택은 단순한 결정이 아니라 시간 속에서 형성되는 하나의 과정이라는 사실이 보이기 때문이다. 우리가 어떤 선택을 하게 되는 이유는 그 순간의 판단이 아니라 그 이전에 쌓여온 경험과 감정, 기준, 환경이 만들어낸 결과일 수 있다. 그리고 이 사실을 인식하는 순간 우리는 비로소 선택을 다시 바라볼 수 있는 위치에 서게 된다. 선택은 그 순간에 시작되는 것이 아니라 이미 시작된 흐름 위에서 드러나는 결과일지도 모른다.

선택은 결정을 내리는 순간에 만들어지는 것이 아니라 그 이전의 경험과 감각, 그리고 보이지 않는 기준 속에서 이미 형성되고 있다. 우리는 선택을 한다고 느끼지만 실제로는 이미 시작된 방향을 따라가고 있을 가능성이 더 크다. 그래서 중요한 것은 더 나은 결정을 내리는 것이 아니라, 선택이 언제부터 시작되고 있었는지를 알아차리는 일이다. 그 순간을 인식하는 순간, 우리는 비로소 선택의 흐름을 다시 바라볼 수 있게 된다.

04

고민은 길어도 결론은 비슷한 이유

사람들은 보통 오래 고민할수록 더 나은 선택에 가까워진다고 믿는다. 그래서 어떤 결정을 앞두고 시간을 들이고 자료를 찾고 여러 가능성을 검토하는 과정을 "신중함"이라고 부른다. 하지만 반복되는 일상의 선택들을 조금만 더 가까이에서 바라보면, 고민의 길이가 길어질수록 선택이 달라지기보다는 오히려 더 익숙한 방향으로 굳어지는 장면이 더 자주 나타난다. 우리는 생각을 많이 했다고 느끼는 순간 안심하지만, 그 안심이 새로운 가능성을 여는 것이 아니라 이미 마음속에 자리 잡은 방향을 더욱 단단하게 만드는 역할을 하고 있을지도 모른다. 그래서 이 지점에서 한 번쯤 멈춰 서서 물어볼 필요가 있다. 우리는 정말 고민을 통해 선택을 바꾸고 있는 것일까, 아니면 이미 기울어진 선택을 스스로 납득시키는 과정을 반복하고 있는 것일까.

이미 기울어진 마음에서 시작되는 고민

우리는 고민을 시작할 때 모든 가능성을 열어두고 있다고 생각하지만 실제로는 아주 미세한 기울기가 이미 존재하는 상태에서 출발하는 경우가 많다. 어떤 선택지를 떠올리는 순간 이유를 설명하기도 전에 느껴지는 편안함이나 불편함은 이미 방향이 정해졌다는 신호에 가깝다. 철학적으로 인간은 완전히 중립적인 상태에서 세계를 바라보는 존재가 아니라 경험과 기억, 감정이 쌓인 상태에서 해석을 시작하는 존재이기 때문에 그 기울기는 자연스럽게 형성된다. 그래서 우리는 고민을 통해 결론을 만들어낸다고 생각하지만 실제로는 이미 만들어진 결론을 중심으로 사고를 확장하고 있는 경우가 많다. 겉으로는 다양한 선택지를 비교하는 것처럼 보이지만, 그 비교의 기준 자체가 이미 특정 방향을 향해 있기 때문에 결론은 처음과 크게 달라지지 않는다. 고민은 시작부터 이미 방향을 가진 채 진행되고 있는 셈이다.

이유를 찾는 사고, 선택을 강화하는 과정

고민이 길어질수록 우리는 더 많은 근거를 수집하고 더 다양한 정보를 접하게 된다. 하지만 그 과정은 새로운 선택을 만들기 위한 탐색이라기보다 이미 마음속에서 선택한 방향을 설명하기 위한 작업에 가까운 경우가 많다. 심리학에서는 이를 확증 편향이라고 부르는데 인간은 자신이 믿고 있는 방향과 일치하는 정보에는 쉽게 설득되고 그렇지 않은 정보는 자연스럽게 흘려보내는 경향을 보인다. 그래서 우리는 고민을 하면 할수록 더 객관적인 판단에 가까워졌다고 느끼지만 실제로는 특정 방향에 대한 확신만 점점 더 커지게 된다. 결국 고민은 선택을 바꾸는 과정이 아니라 선택을 지지하는 이유를 정교하게 만드는 과정으로 작동하게 된다. 그래서 생각은 많아지지만 결론은 크게 달라지지 않는 장면이 반복된다.

패턴으로 돌아가는 선택의 구조

우리는 매번 다른 상황에서 새로운 선택을 하고 있다고 느끼지만, 선택의 결과를 시간의 흐름 속에서 이어서 보면 놀라울 정도로 비슷한 패턴이 반복되는 경우가 많다. 이는 우리가 상황을 해석하는 방식 자체가 이미 일정한 틀 안에 있기 때문이다. 어떤 사람은 안정성을 기준으로 세상을 바라보고, 어떤 사람은 속도와 효율을 기준으로 판단하며, 또 어떤 사람은 감정의 만족을 중심으로 선택을 한다. 이 기준은 쉽게 바뀌지 않기 때문에 상황이 바뀌어도 선택의 방향은 비슷하게 유지된다. 그래서 우리는 다양한 고민을 했다고 느끼지만, 실제로는 같은 기준을 바탕으로 반복되는 결론을 만들어내고 있을 가능성이 크다. 고민은 달라지지만 선택의 구조는 그대로 유지되는 것이다.

시간이 만드는 착각, 깊이와 확신의 차이

사람들은 오래 고민할수록 더 깊이 있는 선택을 했다고 느낀다. 하지만 이때 만들어지는 것은 깊이라기보다 확신일 가능성이 더 크다. 오랜 시간 고민했다는 사실 자체가 선택의 타당성을 강화해주는 심리적 근거가 되기 때문이다. 그래서 우리는 고민의 시간을 선택의 질로 착각하게 된다. 하지만 실제로는 그 시간 동안 선택의 방향이 바뀌기보다는 그 방향에 대한 확신이 점점 더 강해지고 있었을 가능성이 크다. 결국 고민이 길어진다는 것은 더 나은 선택을 만들었다는 증거라기보다 이미 선택된 방향을 더 단단하게 붙잡고 있었다는 신호일지도 모른다.

선택은 고민의 끝이 아니라 시작에서 만들어진다

이쯤에서 우리는 고민이라는 행위를 다시 바라볼 필요가 있다. 선택은 고민의 마지막 순간에 만들어지는 것이 아니라 그 이전의 경험과 감정, 기준 속에서 이미 형성되고 있을 가능성이 크기 때문이다. 우리가 더 나은 선택을 하기 위해 필요한 것은 더 많은 고민이 아니라 그 고민이 어디에서 시작되고 있는지를 알아차리는 일이다. 그 시작점을 인식하는 순간 우리는 비로소 익숙한 흐름에서 한 발짝 벗어날 수 있는 여지를 가지게 된다. 고민은 여전히 필요하지만 그 방향을 바꾸는 것은 고민의 양이 아니라 출발점을 바라보는 시선의 변화다. 그리고 그 작은 변화가 쌓이기 시작할 때 비슷하게 반복되던 결론은 조금씩 다른 방향으로 움직이기 시작한다.

고민은 선택을 만들어내는 과정처럼 보이지만, 실제로는 이미 기울어진 방향을 더 단단하게 만드는 과정일 수 있다. 인간은 완전히 새로운 결론에 도달하기보다. 이미 가지고 있는 생각을 유지하려는 경향을 지니고 있으며 그 과정에서 사고는 확장이 아니라 강화로 작동한다. 그래서 우리는 오래 고민할수록 더 나은 선택을 했다고 믿지만, 그 시간은 종종 선택을 바꾸는 것이 아니라 선택을 확신으로 바꾸는 시간에 가깝다.

05

'괜찮겠지'라는 한마디의 힘

사람들은 선택의 순간마다 스스로를 꽤 신중한 존재라고 믿는다. 그래서 중요한 결정을 앞두면 여러 가능성을 떠올리고 나름의 기준을 적용하며 충분히 고민했다고 생각한다. 그런데 실제로는 그 모든 과정의 끝에서 단 하나의 말이 선택을 결정짓는 경우가 많다. 바로 "괜찮겠지"라는 한마디다. 이 말은 가볍게 흘려보내는 듯하지만, 그 안에는 불안과 기대, 타협과 합리화가 동시에 들어 있다. 우리는 선택을 내리는 마지막 순간에 이 말을 꺼내며 스스로를 설득하고, 그 순간 선택은 더 이상 검토의 대상이 아니라 받아들여야 할 결론으로 바뀐다.

불확실함을 견디기 위해 만들어낸 가장 짧은 문장

"괜찮겠지"라는 말은 단순한 습관이 아니라 인간이 불확실성을 견디기 위해 만들어낸 하나의 사고 방식이다. 철학적으로 보면 인간은 완전히 확실한 상태에서 선택할 수 없는 존재이며 언제나 불완전한 정보 속에서 결정을 내려야 하는 존재다. 그래서 우리는 그 불안을 그대로 유지하기보다 빠르게 정리하고 싶어 하고 그 과정에서 스스로를 안심시키는 문장을 만들어낸다. 이 문장은 논리적인 판단이 아니라 감정적인 안정에 더 가깝고 그래서 더 쉽게 반복된다. 흥미로운 점은 이 말이 선택을 더 정확하게 만드는 것이 아니라 선택을 더 빨리 끝내도록 만든다는 점이다. 우리는 이 말을 통해 불확실성을 해결했다고 느끼지만 실제로는 단지 그것을 잠시 덮어두고 있을 뿐이다. 결국 "괜찮겠지"는 선택을 돕는 말이 아니라 선택을 멈추게 만드는 신호일지도 모른다.

작은 낙관이 만들어내는 선택의 방향

이 한마디에는 묘한 낙관이 담겨 있으며 우리는 그 낙관을 근거로 선택을 밀어붙인다. 심리학적으로 보면 인간은 실제보다 긍정적인 결과를 더 쉽게 예상하는 경향을 가지고 있고 그 경향은 선택의 순간에 더욱 강하게 작동한다. 그래서 우리는 충분한 근거가 없어도 "아마 괜찮을 거야"라는 생각으로 결정을 정당화한다. 이때 선택은 분석의 결과가 아니라 기대의 연장선에서 이루어지게 된다. 중요한 것은 이 낙관이 선택을 더 쉽게 만들어준다는 점이다. 고민을 이어가기보다 선택을 끝내는 방향으로 작용하기 때문이다. 우리는 더 정확한 판단보다 더 편안한 확신을 선택하고 그 선택을 합리적이라고 믿게 된다. 결국 선택은 논리보다 감정이 만든 방향을 따라가게 된다.

책임을 줄이기 위해 선택을 흐리는 방식

"괜찮겠지"라는 말은 책임을 줄이기 위한 심리적 장치이기도 하다. 우리는 선택이 틀렸을 때의 부담을 줄이기 위해 명확한 기준을 세우기보다 애매한 확신을 선택하는 경향이 있다. 이 말은 확신처럼 들리지만 실제로는 책임을 분산시키는 표현에 가깝다. 만약 결과가 좋지 않더라도 "그때는 그렇게 생각할 수밖에 없었다"는 식으로 스스로를 보호할 수 있기 때문이다. 그래서 우리는 분명한 판단보다 흐릿한 낙관을 더 자주 선택하게 된다. 이 과정이 반복되면서 선택의 기준은 점점 더 모호해지고 선택 자체는 점점 더 가벼워진다. 우리는 선택을 했다고 생각하지만 실제로는 선택의 책임을 줄이는 방향으로 움직이고 있는 경우가 많다.

반복될수록 더 자연스러워지는 자기 설득의 구조

이 한마디는 한 번으로 끝나지 않고 선택의 순간마다 반복되면서 점점 더 자연스러운 사고 방식으로 자리 잡는다. 처음에는 불안을 덮기 위한 말이었지만 반복될수록 선택의 기본 구조가 되어버린다. 우리는 점점 더 빠르게 이 말을 떠올리고 더 쉽게 선택을 끝내게 된다. 철학적으로 보면 인간은 반복되는 사고를 통해 자신의 세계를 구성하는 존재이며 그 반복은 결국 하나의 기준이 된다. 그래서 "괜찮겠지"라는 말은 단순한 표현이 아니라 선택의 방식을 만드는 하나의 틀이 된다. 이 틀이 강해질수록 우리는 더 이상 고민하지 않고 자동적으로 선택하게 된다. 선택은 점점 더 의식적인 과정이 아니라 반응에 가까워진다.

한 문장이 선택의 끝을 만드는 순간

이쯤에서 우리는 한 가지를 생각해볼 수 있다. 우리는 정말 끝까지 고민한 뒤 선택을 내리고 있는 걸까 아니면 이 한마디로 고민을 멈추고 있는 걸까. "괜찮겠지"라는 말이 나오는 순간 우리는 더 이상 가능성을 검토하지 않게 되고 이미 기울어진 방향을 받아들이게 된다. 선택은 논리의 결과처럼 보이지만 실제로는 이처럼 짧은 문장 하나로 마무리되는 경우가 많다. 우리는 긴 고민 끝에 결론에 도달했다고 믿지만 실제로는 마지막 한마디가 결정을 완성시키는 경우가 많다. 그리고 그 사실을 인식하는 순간 선택의 마지막 장면이 전혀 다르게 보이기 시작한다. 선택은 생각의 끝이 아니라 스스로를 설득하는 순간에 완성될지도 모른다.

"괜찮겠지"라는 한마디는 단순한 낙관이 아니라 불확실성을 견디기 위해 인간이 만들어낸 가장 짧은 자기 설득의 형태다. 우리는 이 말을 통해 선택을 쉽게 만들지만 동시에 그 선택을 깊이 있게 바라볼 기회를 놓치기도 한다. 그래서 중요한 것은 이 말을 없애는 것이 아니라, 이 말이 나오는 순간을 알아차리는 것이다. 그 순간을 인식하는 것만으로도 선택은 이전과는 전혀 다른 방식으로 흘러갈 수 있다.

다니엘 카너먼
우리는 왜 생각보다 빠르게 판단하는가

사람들에게 이런 질문을 던져보면 재미있는 반응이 나온다. "당신은 결정을 빠르게 내리는 편인가요, 아니면 신중하게 고민하는 편인가요." 대부분은 잠깐 웃으면서 이렇게 말한다. "저는 그래도 꽤 신중하게 생각하는 편이에요." 그런데 막상 그 사람의 하루를 따라가 보면, 우리는 놀라울 정도로 빠른 속도로 판단하고 선택을 반복하고 있다. 커피를 고르는 순간, 메시지에 답장을 보낼지 말지 결정하는 순간, 회의에서 어떤 의견에 고개를 끄덕일지 말지 정하는 순간까지, 우리는 생각보다 훨씬 많은 결정을 "생각하기 전에" 내려버린다.

여기서 등장하는 사람이 바로 다니엘 카너먼이다. 그는 인간의 사고 방식을 아주 간단하면서도 강력하게 설명했다. 우리의 생각에는 두 가지 방식이 있다는 것이다. 하나는 빠르고 자동적인 사고이고, 다른 하나는 느리고 신중한 사고다. 문제는 우리가 스스로를 "느리게 생각하는 존재"라고 믿고 있지만, 실제로는 대부분의 순간을 빠른 사고에 의존하며 살아간다는 점이다.

예를 들어보자. 누군가 회의에서 새로운 아이디어를 말한다. 설명은 아직 절반도 끝나지 않았는데, 이미 우리는 마음속으로 판단을 내린다. "이건 괜찮은데." 혹은 "이건 좀 아닌 것 같은데." 그 뒤에 이어지는 30분의 설명은 그 판단을 바꾸기보다, 오히려 그 판단을 더 확실하게 만들어주는 경우가 많다. 우리는 그 30분을 "생각한 시간"이라고 믿지만, 사실은 이미 내려진 결론을 확인하는 시간에 가깝다.

카너먼은 이 빠른 사고가 게으르기 때문이 아니라, 오히려 인간이 효율적으로 살아가기 위해 만들어낸 방식이라고 말한다. 만약 우리가 모든 선택을 느리게 고민해야 한다면, 하루도 제대로 버티기 어려울 것이다. 그래서 우리의 뇌는 익숙한 상황에서는 빠르게 판단하고, 낯선 상황에서만 느리게 생각하도록 설계되어 있다. 문제는 여기서 생긴다. 우리는 익숙하지 않은 상황에서도 빠르게 판단해버리고, 그 판단을 나중에 논리로 설명해버린다는 점이다.

그래서 우리는 종종 이런 착각에 빠진다. "나는 충분히 생각하고 결정했다." 하지만 실제로는 이미 첫 몇 초 안에 결론이 만들어졌고, 이후의 생각은 그 결론을 정당화하는 과정이었을 가능성이 크다. 우리는 생각을 통해 선택한다고 믿지만, 실제로는 선택을 먼저 하고 그 선택을 설명하기 위해 생각하는 경우가 더 많다.

이 지점을 이해하면 흥미로운 변화가 생긴다. 중요한 것은 빠르게 판단하는 능력을 없애는 것이 아니라, "지금 내가 빠르게 판단하고 있는 순간인가"를 알아차리는 것이다. 회의에서 어떤 아이디어를 듣고 바로 반응이 올라올 때, 물건을 보고 이유 없이 끌릴 때, 혹은 누군가를 처음 보고 호감이나 거부감이 생길 때, 그 순간이 바로 빠른 사고가 작동하는 순간이다.

결국 카너먼이 우리에게 던지는 질문은 단순하다. "당신은 정말 생각한 뒤에 선택하고 있는가." 이 질문을 한 번만 제대로 붙잡아도, 익숙했던 선택의 장면들이 전혀 다르게 보이기 시작한다. 우리는 더 많은 정보를 얻기 전에, 이미 판단을 시작하고 있었을지도 모른다. 그리고 그 사실을 알아차리는 순간, 비로소 선택은 조금 다른 방향으로 흘러가기 시작한다.

PART 2

우리는 왜
감정에 흔들릴까

01

기분이 선택을 바꾸는 순간

사람들은 중요한 선택일수록 감정을 배제하고 이성적으로 판단해야 한다고 믿는다. 그래서 기분이 좋은 상태에서 내린 결정은 가볍게 느껴지고, 감정이 흔들리는 순간의 선택은 어딘가 불안하게 받아들여진다. 하지만 실제로 우리의 일상을 조금만 들여다보면, 선택은 생각보다 훨씬 자주 기분에 의해 바뀌고 있다. 같은 조건과 같은 정보 앞에서도 어떤 날은 쉽게 결정을 내리고, 어떤 날은 끝없이 망설이게 된다. 그 차이는 상황이 아니라 그 순간의 감정에서 비롯되는 경우가 많다. 우리는 선택을 한다고 믿지만, 사실은 감정의 흐름 위에서 선택이 만들어지고 있는지도 모른다.

같은 상황이 다른 선택으로 바뀌는 보이지 않는 기준
우리는 같은 상황에서는 비슷한 선택을 할 것이라고 믿지만 실제로는 그날의 기분에 따라 전혀 다른 결론에 도달하기도 한다. 기분이 좋은 날에는 위험을 감수하는 선택이 더 쉽게 느껴지고, 반대로 기분이 가라앉은 날에는 같은 선택이 지나치게 부담스럽게 보이기도 한다. 철학적으로 보면 인간은 고정된 기준으로 판단하는 존재가 아니라 끊임없이 변하는 내면 상태 속에서 세계를 해석하는 존재다. 그래서 선택은 외부 조건보다 내부 상태에 더 크게 영향을 받는다. 우리는 상황을 객관적으로 보고 있다고 믿지만 실제로는 그날의 감정이라는 필터를 통해 세계를 바라보고 있는 경우가 많다. 결국 같은 선택이 다르게 보이는 이유는 상황이 아니라 우리의 감정이 달라졌기 때문이다.

감정은 판단을 방해하는 것이 아니라 방향을 만든다

많은 사람들은 감정이 판단을 흐린다고 생각하지만 실제로는 감정이 선택의 출발점이 되는 경우가 더 많다. 어떤 선택이 편안하게 느껴지거나 불편하게 느껴지는 순간 이미 선택은 한쪽으로 기울기 시작한다. 심리학적으로 보면 감정은 단순한 반응이 아니라 과거 경험이 압축된 신호에 가깝다. 그래서 우리는 논리적으로 설명하기 전에 이미 느낌으로 선택의 방향을 정하게 된다. "왠지 이게 맞는 것 같다"라는 말은 단순한 감상이 아니라 선택이 시작되었다는 신호일 수 있다. 우리는 감정을 배제하려고 하지만 실제로는 감정을 통해 선택의 길을 먼저 잡고 있는 경우가 많다.

기분은 순간이지만 선택은 오래 남는다

기분은 잠깐 스쳐 지나가는 것처럼 느껴지지만 그 영향은 생각보다 길게 이어진다. 어떤 날의 감정으로 내린 선택이 이후의 흐름을 바꾸는 경우도 적지 않다. 예를 들어 기분이 좋아서 내린 결정이 새로운 기회를 만들기도 하고, 반대로 불안한 상태에서 내린 선택이 더 안전한 방향으로 삶을 고정시키기도 한다. 우리는 선택의 결과를 분석할 때 주로 정보나 상황을 기준으로 생각하지만 실제로는 그 순간의 감정이 더 큰 역할을 했을 가능성이 크다. 철학적으로 보면 인간은 순간적인 감정 속에서 긴 시간을 결정하는 존재이며 그 모순이 바로 인간의 특징이기도 하다. 그래서 감정은 사라지지만 그 감정이 만든 선택은 오래 남는다.

우리는 왜 감정에 휩쓸리지 않았다고 믿는가

흥미로운 점은 이렇게 감정이 선택에 큰 영향을 주고 있음에도 불구하고 사람들은 스스로를 꽤 이성적인 존재라고 믿는다는 것이다. 우리는 선택을 설명할 때 감정보다 논리를 앞세우고 그 선택이 얼마나 합리적인지에 집중한다. 하지만 그 설명은 선택의 원인이 아니라 선택 이후에 만들어진 이야기일 가능성이 크다. 심리학에서는 이를 사후 합리화라고 설명하며 인간은 이미 내린 선택을 논리적으로 정리하는 데 능숙한 존재라고 본다. 그래서 우리는 감정에 흔들렸다는 사실을 거의 인식하지 못한 채 선택을 반복하게 된다. 결국 우리는 감정에 영향을 받지 않는 것이 아니라 감정의 영향을 보지 못한 채 선택을 하고 있는지도 모른다.

감정을 인식하는 순간 선택은 달라질 수 있다

이쯤에서 우리는 한 가지 질문을 던질 수 있다. 우리는 정말 이성적으로 선택하고 있는 걸까 아니면 감정 위에서 선택을 정당화하고 있는 걸까, 이 질문을 던지는 순간 선택의 장면이 조금씩 다르게 보이기 시작한다. 중요한 것은 감정을 없애는 것이 아니라 감정이 작동하는 순간을 알아차리는 것이다. 어떤 선택이 유난히 편안하게 느껴지거나 지나치게 불안하게 느껴질 때 그 감정이 선택을 이끌고 있을 가능성을 한 번 더 생각해볼 필요가 있다. 그리고 그 순간을 인식하는 것만으로도 선택은 이전과는 다른 방향으로 흐를 수 있다. 선택은 감정을 제거하는 것이 아니라 감정을 이해하는 순간부터 달라지기 시작한다.

기분은 단순한 감정의 흐름이 아니라, 우리가 세계를 해석하는 방식 자체를 바꾸는 기준이 된다. 인간은 객관적인 상태에서 판단하는 존재가 아니라, 그 순간의 감정에 따라 현실을 다르게 인식하는 존재이기 때문이다. 그래서 선택은 상황의 결과라기보다. 그 상황을 바라보는 감정의 상태에 의해 달라지는 경우가 더 많다.

02

불안할수록 더 확신하는 이유

　사람들은 보통 이렇게 생각한다. 불안할수록 더 조심하고 더 신중해질 것이라고. 그래서 중요한 결정을 앞두고 불안함을 느끼면, 그 상태에서 내린 선택은 오히려 더 안전하고 합리적일 것이라고 믿는다. 하지만 실제로는 전혀 다른 장면이 자주 나타난다. 불안할수록 우리는 더 많은 가능성을 검토하기보다 오히려 하나의 선택에 더 강하게 매달리게 된다. 마치 흔들리는 순간일수록 무언가를 더 꽉 붙잡아야 한다고 느끼는 것처럼, 우리는 불안 속에서 더 확신하려고 한다. 이 지점에서 질문이 하나 생긴다. 왜 우리는 불안할수록 더 확신하려고 하는 걸까.

불안은 선택을 넓히는 것이 아니라 좁히는 힘이다

　우리는 불안할 때 더 많은 가능성을 살펴보고 더 신중하게 판단할 것이라고 생각하지만 실제로는 선택의 폭이 오히려 빠르게 줄어드는 경우가 많다. 불안은 생각을 확장시키기보다 가능한 한 빨리 결론에 도달하게 만들기 때문이다. 인간은 불확실한 상태를 오래 유지하는 것을 본능적으로 불편하게 느끼고, 그 불편함을 줄이기 위해 하나의 방향을 선택하려는 경향을 보인다. 그래서 선택지가 많아질수록 더 신중해지기보다는 오히려 더 단순한 방향으로 생각을 몰아가게 된다. 철학적으로 보면 인간은 자유로운 선택을 하는 존재이기 이전에 불확실성을 견디지 못하는 존재에 가깝다. 그래서 불안은 사고를 깊게 만드는 것이 아니라 빠르게 정리하게 만드는 힘으로 작동한다.

확신은 판단이 아니라 감정의 안정일 수 있다

우리는 확신이 생겼을 때 그것이 충분한 정보와 논리에서 나온 결과라고 믿지만 실제로는 그 확신이 감정을 안정시키기 위한 반응일 가능성이 크다. 불안한 상태에서는 애매함을 유지하는 것이 가장 어려운 일이기 때문에 우리는 스스로에게 분명한 답을 만들어내려고 한다. 그 과정에서 충분한 근거가 없어도 "이게 맞다"는 느낌이 강하게 형성된다. 심리학적으로 확신은 객관적인 판단의 결과라기보다 불안을 줄이기 위한 심리적 장치에 가깝다. 그래서 우리는 확신이 강할수록 더 올바른 선택을 했다고 느끼지만 실제로는 더 편안한 상태에 가까워졌을 가능성이 크다. 결국 확신은 진실을 향한 신호라기보다 감정의 균형을 맞추는 방식일 수 있다.

불안은 생각보다 빠르게 결론을 만든다

불안한 상황에서는 오래 고민하는 것이 아니라 오히려 더 빠르게 결론을 내리려는 경향이 나타난다. 이는 불안을 유지하는 것 자체가 큰 에너지 소모를 요구하기 때문이다. 그래서 우리는 충분히 검토하기 전에 결론을 내리고, 그 결론을 확신으로 덮어버린다. 이 과정은 매우 자연스럽게 이루어지기 때문에 스스로도 거의 인식하지 못한다. 우리는 "오래 고민했다"고 느끼지만 실제로는 불안을 끝내기 위해 빠르게 결론에 도달했을 가능성이 더 크다. 결국 불안은 사고를 깊게 만드는 것이 아니라 속도를 높이는 방향으로 작동한다. 그래서 우리는 생각을 많이 했다고 느끼지만, 실제로는 빠르게 선택하고 나중에 그것을 설명하고 있을지도 모른다.

불안 속에서 인간은 더 단단해진다

흥미로운 점은 불안할수록 우리는 더 유연해지는 것이 아니라 오히려 더 단단해진다는 것이다. 다른 가능성을 받아들이기보다 이미 선택한 방향을 더 강하게 붙잡는다. 이는 불안한 상황에서 방향을 바꾸는 것이 더 큰 위험처럼 느껴지기 때문이다. 그래서 우리는 선택을 수정하기보다 유지하려는 쪽으로 움직인다. 철학적으로 보면 인간은 불안 속에서 자유롭게 선택하는 존재라기보다 안정된 방향을 고정하려는 존재에 가깝다. 그래서 불안은 변화를 만드는 계기가 아니라, 기존 선택을 더욱 강화하는 힘으로 작용한다. 그 결과 우리는 불안할수록 더 확신하는 역설적인 상태에 놓이게 된다.

우리는 왜 불안을 견디지 못하는가

이 질문을 조금 더 깊이 들여다보면 인간의 본질적인 특성이 보이기 시작한다. 인간은 가능성이 열려 있는 상태를 매력적으로 느끼기도 하지만 동시에 그것을 오래 유지하는 데 큰 불편함을 느낀다. 선택하지 않은 가능성들이 계속 남아 있는 상태는 자유이면서 동시에 부담이기 때문이다. 그래서 우리는 빠르게 하나를 선택하고 나머지를 닫으려 한다. 그 순간 불안은 줄어들고, 우리는 그것을 확신이라고 착각하게 된다. 결국 불안은 단순한 감정이 아니라 선택을 밀어붙이는 힘이며, 우리는 그 힘에 의해 방향을 결정하고 있을 가능성이 크다.

불안을 인식하는 순간 선택은 달라진다

이쯤에서 우리는 한 가지를 다시 생각해볼 수 있다. 지금 내가 느끼는 확신은 정말 판단의 결과일까, 아니면 불안을 덮기 위한 감정일까. 이 질문을 던지는 순간 선택의 장면이 조금 다르게 보이기 시작한다. 중요한 것은 불안을 없애는 것이 아니라, 그 불안이 어떻게 선택을 만들고 있는지를 알아차리는 것이다. 불안 속에서 만들어진 확신을 한 번 더 바라볼 수 있게 되는 순간 우리는 비로소 선택의 흐름을 다시 조정할 수 있는 여지를 가지게 된다. 선택은 감정을 제거하는 것이 아니라 감정을 이해하는 순간부터 달라지기 시작한다.

불안은 선택을 흐리게 만드는 감정이 아니라, 오히려 하나의 방향으로 몰아가려는 힘으로 작용한다. 인간은 불확실한 상태를 오래 유지하기 어려운 존재이기 때문에, 그 불안을 줄이기 위해 스스로 확신을 만들어낸다. 그래서 확신은 언제나 진실의 결과라기보다 불안을 견디기 위해 형성된 심리적 균형일 수 있다.

03

손해를 알면서도 멈추지 못하는 선택

사람들은 보통 이렇게 말한다. "나는 손해를 보는 선택은 하지 않는다." 그래서 어떤 선택이 분명히 불리하다고 느껴지면, 그 선택을 멈출 수 있다고 믿는다. 하지만 실제 삶을 조금만 들여다보면 전혀 다른 장면이 반복된다. 이미 손해라는 것을 알고 있으면서도 계속 이어가는 선택, 이미 늦었다는 것을 알면서도 멈추지 못하는 행동, 그리고 그 과정에서 점점 더 깊이 들어가는 순간들이 생각보다 흔하게 나타난다. 이 지점에서 우리는 한 가지 질문을 마주하게 된다. 왜 우리는 손해를 알면서도 멈추지 못하는 걸까.

이미 들어온 만큼을 포기하지 못하는 마음의 구조

사람은 무엇인가를 시작했을 때 그 과정에 들인 시간과 노력, 감정을 쉽게 내려놓지 못한다. 이미 투자한 것이 많을수록 그 선택을 끝내는 것이 더 큰 손해처럼 느껴지기 때문이다. 그래서 우리는 앞으로의 결과보다 지금까지 쌓아온 것을 기준으로 선택을 이어가게 된다. 예를 들어 오래 진행해온 프로젝트가 점점 실패로 향하고 있다는 것을 느끼면서도 "여기까지 왔는데 지금 멈추면 더 아깝다"라는 생각으로 계속 이어가는 장면은 흔하게 볼 수 있다. 철학적으로 보면 인간은 미래의 가능성보다 과거의 흔적에 더 강하게 묶이는 존재이며 그 흔적은 선택을 계속 유지하도록 만드는 힘으로 작용한다. 그래서 손해를 줄이기 위해 멈추는 것이 아니라 손해를 인정하지 않기 위해 계속 나아가는 방향을 택하게 된다. 우리는 합리적으로 행동한다고 믿지만 실제로는 이미 지나온 시간을 포기하지 못하는 감정에 더 크게 영향을 받는다. 이 구조는 생각보다 강력해서 스스로 인식하지 못한 채 반복되기도 한다.

손해를 인정하는 순간이 더 큰 두려움으로 다가온다

손해를 보는 것 자체보다 더 어려운 것은 그 손해를 인정하는 일이다. 선택을 멈추는 순간 우리는 단순히 행동을 중단하는 것이 아니라 그동안의 판단이 틀렸을 수도 있다는 사실을 받아들여야 한다. 그래서 사람은 손해를 줄이기보다 손해를 인정하지 않으려는 방향으로 움직이게 된다. 예를 들어 잘못된 선택을 했다는 사실을 깨닫는 순간 우리는 그 선택을 끝내기보다 "조금만 더 해보면 달라질 수 있다"는 이유를 만들어내기 시작한다. 심리학적으로 보면 이는 자존감을 보호하기 위한 자연스러운 반응이며 자신이 틀렸다는 사실을 인정하는 것은 생각보다 큰 심리적 부담을 만든다. 그래서 우리는 선택을 계속 이어가면서 스스로를 설득하게 되고 그 과정이 반복될수록 멈추는 일은 더 어려워진다. 결국 선택은 결과를 바꾸기 위한 것이 아니라 감정을 지키기 위한 방향으로 이어지기도 한다.

희망은 멈추게 하는 것이 아니라 더 깊이 들어가게 만든다

흥미로운 점은 선택을 계속 이어가게 만드는 힘이 단순한 집착이 아니라 "희망"이라는 점이다. 우리는 상황이 좋지 않다는 것을 알면서도 "조금만 더 가면 나아질 수 있다"는 생각을 쉽게 버리지 못한다. 이 희망은 객관적인 판단이라기보다 감정이 만들어낸 가능성에 가깝고 그래서 더 강하게 작용한다. 예를 들어 이미 결과가 좋지 않다는 것을 알고 있으면서도 "이번 한 번만 더 해보자"라는 생각으로 계속 선택을 이어가는 장면은 매우 흔하다. 철학적으로 보면 인간은 현실보다 가능성을 더 강하게 붙잡는 존재이며 그 가능성은 때로는 선택을 유지하는 이유가 된다. 그래서 우리는 현재의 손해보다 미래의 반전을 더 크게 상상하게 되고 그 상상이 선택을 계속 이어가게 만든다. 결국 우리는 손해를 보면서도 멈추지 않는 것이 아니라 아직 끝나지 않았다는 믿음 속에서 선택을 이어가고 있는 셈이다.

점점 더 멈추기 어려워지는 선택의 구조

선택이 반복될수록 우리는 그 선택에서 벗어나기 더 어려워진다. 이미 여러 번 이어온 선택을 중단하는 것은 처음 멈추는 것보다 훨씬 더 큰 결단을 필요로 하기 때문이다. 그래서 우리는 "여기까지 왔으니 조금만 더 해보자"라는 생각을 반복하게 된다. 이 과정에서 선택은 점점 더 무거워지고 동시에 더 끊기 어려운 구조로 바뀐다. 심리학에서는 이를 점진적 몰입이라고 설명하며 작은 선택들이 쌓이면서 결국 큰 선택을 바꾸기 어렵게 만드는 구조를 의미한다. 우리는 선택을 이어가고 있다고 생각하지만 실제로는 선택에 묶여가고 있는 경우가 많다. 그리고 이 구조는 시간이 지날수록 더 강해지기 때문에 멈추는 선택은 점점 더 어려워진다. 결국 선택은 자유로운 결정이 아니라 점점 고정되는 흐름이 되어버리기도 한다.

멈추는 선택이 더 어려운 이유

이쯤에서 우리는 한 가지를 생각해볼 필요가 있다. 왜 계속하는 선택보다 멈추는 선택이 더 어려운 걸까, 멈춘다는 것은 단순히 행동을 중단하는 것이 아니라 그동안의 시간과 감정, 기대를 내려놓는 일이기 때문이다. 그래서 우리는 계속 가는 선택을 더 쉽게 느끼고 멈추는 선택을 더 큰 결단으로 받아들인다. 하지만 아이러니하게도 선택의 흐름을 바꾸는 힘은 계속하는 것이 아니라 멈추는 데서 시작된다. 우리가 멈출 수 있는 순간을 인식하게 되면 그동안 이어져 왔던 선택의 구조가 처음으로 흔들리기 시작한다. 그리고 그 순간 우리는 비로소 선택을 다시 바라볼 수 있는 위치에 서게 된다. 선택은 이어가는 것이 아니라 끊어낼 수 있을 때 비로소 달라질 수 있다.

손해를 알면서도 멈추지 못하는 선택은 비합리적인 행동이 아니라 인간이 감정과 기억, 그리고 희망 속에서 선택을 이어가는 자연스러운 방식이다. 우리는 미래를 위해 선택한다고 믿지만 실제로는 과거와 감정에 더 크게 영향을 받는다. 그래서 중요한 것은 더 나은 선택을 찾는 것이 아니라, 지금 내가 왜 멈추지 못하고 있는지를 이해하는 것이다.

04

순간의 위로가 더 크게 느껴지는 이유

　사람들은 보통 더 큰 이익을 선택한다고 믿는다. 그래서 당장의 작은 위로보다 시간이 지나 더 큰 결과를 가져오는 선택을 하는 것이 더 현명하다고 생각한다. 하지만 실제로 우리의 일상을 조금만 들여다보면 전혀 다른 장면이 반복된다. 피곤한 날에는 계획했던 일을 미루고, 스트레스를 받은 순간에는 필요하지 않은 소비를 하고, 이미 충분히 알고 있는 선택보다 당장의 편안함을 주는 선택을 더 쉽게 받아들이게 된다. 우리는 장기적인 결과를 이해하면서도, 그 순간의 위로 앞에서는 쉽게 방향을 바꾸게 된다. 이 지점에서 질문이 하나 생긴다. 왜 우리는 더 나은 결과로 이어진다는 걸 알면서도, 더 작은 위로를 선택하게 되는 걸까. 그리고 그 선택은 단순한 약함이 아니라, 지금의 감정을 즉시 해결하려는 인간의 자연스러운 반응일지도 모른다.

지금의 감정은 미래의 결과보다 더 선명하게 느껴진다

인간은 미래를 상상하는 존재이지만 동시에 현재를 더 강하게 느끼는 존재다. 머릿속으로는 몇 달 뒤의 결과를 그릴 수 있지만 몸은 지금의 감정에 훨씬 더 민감하게 반응한다. 그래서 우리는 미래의 이익보다 현재의 편안함을 더 실제처럼 느끼게 된다. 철학적으로 보면 인간은 시간 속에서 살아가지만 경험은 언제나 현재에 머물러 있기 때문에 선택 역시 현재의 느낌에 더 크게 영향을 받는다. 예를 들어 내일을 위해 오늘을 참아야 한다는 사실을 알면서도 지금의 피로와 스트레스가 더 크게 느껴지는 순간 우리는 자연스럽게 현재를 선택하게 된다. 결국 선택은 시간의 길이가 아니라 감정의 강도에 의해 결정되는 경우가 많다.

작은 위로는 생각보다 강력한 보상으로 작동한다

순간적인 위로는 작고 사소해 보이지만 실제로는 매우 강력한 힘을 가진다. 힘든 하루 끝에 마시는 한 잔의 커피, 스트레스를 잊기 위해 하는 작은 소비, 해야 할 일을 미루며 얻는 잠깐의 휴식은 그 순간 매우 큰 만족을 만들어낸다. 심리학적으로 보면 이는 즉각적인 보상의 효과로 설명되며 인간은 지연된 보상보다 즉각적인 보상을 더 강하게 선호하는 경향이 있다. 그래서 우리는 장기적인 목표를 알고 있으면서도 작은 위로를 선택하게 된다. 이 위로는 단순한 감정이 아니라 선택의 방향을 바꾸는 강력한 보상 체계로 작용한다. 우리는 그것이 작다는 것을 알지만 그 순간에는 가장 확실한 만족으로 느껴진다.

감정은 계산이 아니라 균형을 맞추려 한다

우리는 선택을 할 때 이익과 손해를 계산한다고 생각하지만 실제로 감정은 계산보다 균형을 더 중요하게 여긴다. 스트레스를 받으면 그 균형을 맞추기 위해 위로를 찾고 피로가 쌓이면 그 균형을 회복하기 위해 쉬고 싶어 한다. 그래서 선택은 이익을 극대화하기보다 감정의 불균형을 해소하는 방향으로 이루어진다. 철학적으로 보면 인간은 완벽한 합리를 추구하는 존재가 아니라 현재의 상태를 유지하려는 존재에 가깝다. 그래서 우리는 더 나은 결과보다 더 편안한 상태를 선택하게 된다. 이때 위로는 선택을 왜곡시키는 요소가 아니라 현재를 견디게 해주는 하나의 장치이기도 하다.

우리는 왜 위로를 선택하면서도 그것을 후회하는가

흥미로운 점은 우리는 위로를 선택하는 순간에는 만족을 느끼지만 시간이 지나면 그 선택을 후회하는 경우가 많다는 것이다. 이는 선택의 기준이 시간에 따라 달라지기 때문이다. 선택의 순간에는 감정이 기준이 되고 시간이 지나면 결과가 기준이 된다. 그래서 우리는 같은 선택을 두고 전혀 다른 평가를 하게 된다. 심리학적으로 보면 이는 시간에 따른 기준의 변화로 설명되며 인간은 항상 현재의 기준으로 선택하고 이후에는 다른 기준으로 평가하는 존재다. 그래서 우리는 같은 선택을 반복하면서도 매번 다른 감정을 경험하게 된다. 결국 위로는 순간에는 정답처럼 느껴지지만 시간이 지나면 다른 의미로 바뀌게 된다.

위로를 인식하는 순간 선택의 방향은 달라질 수 있다

이쯤에서 우리는 한 가지를 생각해볼 수 있다. 지금 내가 하고 있는 선택은 정말 필요한 것일까 아니면 단지 위로를 찾고 있는 것일까, 이 질문을 던지는 순간 선택의 장면이 조금씩 다르게 보이기 시작한다. 중요한 것은 위로를 없애려 하기보다, 그 위로가 선택을 바꾸는 순간을 알아차리게 된다. 위로가 필요할 때와 위로가 선택을 왜곡하고 있을 때를 구분할 수 있게 되는 순간 우리는 같은 상황에서도 다른 결정을 내릴 수 있게 된다. 결국 선택은 감정을 제거하는 것이 아니라 감정의 흐름을 이해하는 순간부터 달라지기 시작한다. 그리고 그 인식이 쌓일수록 우리는 더 이상 순간에 끌려가지 않고 선택을 다시 바라볼 수 있게 된다.

순간의 위로가 더 크게 느껴지는 이유는 그것이 작기 때문이 아니라, 현재의 감정 속에서 가장 선명하게 경험되는 것이기 때문이다. 우리는 미래를 생각할 수 있지만 현재를 느끼는 존재이기 때문에 선택은 언제나 지금의 감정에 더 가까워진다. 그래서 중요한 것은 위로를 피하는 것이 아니라, 그 위로가 선택을 바꾸는 순간을 이해하는 것이다.

05

감정은 언제 기준을 이기는가

  사람들은 중요한 선택일수록 기준을 세워야 한다고 믿는다. 그래서 스스로만의 원칙을 만들고, 그 기준에 따라 판단하면 흔들리지 않을 것이라고 생각한다. 하지만 실제 삶에서는 전혀 다른 장면이 반복된다. 분명히 기준을 세워두었는데도 어떤 순간에는 그 기준이 너무 쉽게 무너지고 감정이 그 자리를 대신한다. 평소에는 절대 하지 않겠다고 생각했던 선택을 어느 날은 아무렇지 않게 해버리고, 지켜야 한다고 믿었던 기준이 한순간에 흐려지는 경험은 누구에게나 있다. 우리는 기준을 갖고 있다고 믿지만 실제로는 감정이 올라오는 순간 그 기준은 생각보다 쉽게 밀려난다. 이 지점에서 질문이 하나 생긴다. 기준은 왜 이렇게 쉽게 흔들리고, 감정은 언제 그 기준을 이겨버리는 걸까.

기준은 머릿속에 있고 감정은 지금 여기에서 작동한다

우리는 기준을 논리로 세우고 머릿속에 정리해두지만 감정은 언제나 지금 이 순간의 상황 속에서 즉각적으로 작동한다. 그래서 기준은 떠올려야 작동하지만 감정은 느끼는 순간 이미 선택의 방향을 만들어낸다. 예를 들어 "이건 하지 말아야지"라고 평소에 분명히 정해둔 기준이 있음에도 불구하고 피곤하거나 기분이 가라앉은 날에는 그 기준이 떠오르기도 전에 다른 선택을 해버리는 경험은 누구에게나 있다. 철학적으로 보면 인간은 규칙을 따르는 존재라기보다 순간을 경험하는 존재이며 그 순간의 느낌이 언제나 더 강하게 작용한다. 그래서 기준은 약한 것이 아니라 단지 느리게 작동하는 것이고 감정은 더 빠르고 즉각적으로 선택을 이끌어낸다. 우리는 기준이 부족해서 흔들리는 것이 아니라 감정이 더 먼저 도착하기 때문에 흔들리는 것이다. 결국 선택은 더 옳은 기준이 아니라 더 빠르게 작동하는 감정에 의해 좌우되는 경우가 많다.

감정은 기준을 깨는 것이 아니라 우선순위를 바꾼다

많은 사람들은 감정이 기준을 무너뜨린다고 생각하지만 실제로는 감정이 기준의 순서를 바꾸는 경우가 더 많다. 평소에는 장기적인 목표를 중요하게 여기던 사람이 어떤 순간에는 당장의 편안함을 더 크게 느끼는 것처럼 기준이 사라지는 것이 아니라 어떤 기준이 먼저 작동하느냐가 달라지는 것이다. 심리학적으로 보면 인간은 하나의 기준으로 움직이는 존재가 아니라 여러 기준 사이에서 균형을 잡으며 살아가는 존재이며 그 균형은 감정에 따라 계속 이동한다. 그래서 우리는 기준을 어긴 것이 아니라 그 순간 다른 기준을 선택한 것일 수도 있다. 예를 들어 건강을 중요하게 생각하는 사람이 스트레스를 받는 순간에는 건강보다 위로를 더 중요하게 느끼며 선택을 바꾸는 장면은 흔하게 나타난다. 결국 선택은 기준의 문제라기보다 그 기준이 언제 작동하느냐의 문제일지도 모른다.

강한 감정은 생각할 시간을 빼앗는다

감정이 강하게 올라오는 순간 우리는 생각할 여유를 잃는다. 화가 나거나 불안하거나 혹은 지나치게 기분이 좋아지는 순간에는 판단의 속도가 급격히 빨라지고 그 과정에서 기준을 떠올릴 시간 자체가 사라진다. 그래서 우리는 나중에 "왜 그때 그런 선택을 했을까"라고 후회하지만 그 순간에는 이미 감정이 선택을 끝내버린 상태였을 가능성이 크다. 철학적으로 보면 인간은 항상 자유롭게 선택하는 존재처럼 보이지만 실제로는 감정의 강도에 따라 선택의 폭이 제한되기도 한다. 감정이 약할 때는 다양한 선택을 고려할 수 있지만 감정이 강해질수록 선택은 점점 단순해지고 결국 하나의 방향으로 수렴된다. 그래서 감정은 판단을 흐리는 것이 아니라 판단의 가능성을 줄이는 방식으로 작용한다. 우리는 선택을 했다고 생각하지만 실제로는 감정이 선택을 대신한 경우가 많다.

우리는 기준을 지키기보다 스스로를 납득시키려 한다

흥미로운 점은 사람들이 기준을 어겼을 때 그것을 단순한 실수로 끝내지 않는다는 것이다. 우리는 그 선택을 설명하려 하고 그 이유를 찾으며 스스로를 납득시키려 한다. "그때는 어쩔 수 없었어"라는 말은 단순한 변명이 아니라 감정과 기준 사이의 충돌을 정리하려는 시도에 가깝다. 심리학적으로 보면 인간은 일관된 존재로 남고 싶어 하기 때문에 기준과 다른 선택을 했을 때 그 간극을 설명하려 한다. 그래서 우리는 기준을 지키지 못한 것이 아니라 상황이 달랐다고 해석하며 스스로를 이해하려 한다. 이 과정이 반복되면서 기준은 점점 더 유연해지고 감정은 점점 더 자연스럽게 선택에 개입하게 된다. 결국 우리는 기준을 유지하는 존재라기보다 스스로를 이해하려는 존재에 더 가깝다.

감정을 인식하는 순간 기준은 다시 작동하기 시작한다

이쯤에서 우리는 한 가지를 생각해볼 수 있다. 기준이 약해서 감정에 흔들리는 것일까 아니면 감정을 인식하지 못해서 기준이 작동하지 않는 것일까, 이 질문을 던지는 순간 선택의 구조가 조금씩 보이기 시작한다. 중요한 것은 기준을 더 강하게 만드는 것이 아니라 감정이 올라오는 순간을 알아차리는 것이다. 어떤 선택이 평소와 다르게 느껴질 때 그 감정이 기준을 밀어내고 있을 가능성을 한 번 더 바라보는 것만으로도 선택은 달라질 수 있다. 감정은 사라지는 것이 아니라 인식될 때 방향이 바뀌는 성질을 가지고 있다. 그리고 그 순간 기준은 다시 선택의 중심으로 돌아오게 된다. 결국 선택은 기준을 세우는 것이 아니라 감정과 기준 사이의 흐름을 이해하는 데서 달라진다.

감정이 기준을 이기는 순간은 기준이 사라진 것이 아니라 감정이 더 빠르고 강하게 작동한 순간이다. 인간은 논리로만 살아가는 존재가 아니라 감정과 기준 사이에서 균형을 잡으며 살아가는 존재이기 때문이다. 그래서 중요한 것은 기준을 더 많이 만드는 것이 아니라, 감정이 그 기준을 밀어내는 순간을 알아차리는 것이다.

안토니오 다마지오
감정은 왜 선택보다 먼저 움직이는가

사람들은 보통 이렇게 생각한다. 선택은 이성으로 하고, 감정은 그 선택을 따라오는 것이라고. 그래서 중요한 결정을 앞두면 감정을 최대한 배제하려고 한다. 하지만 우리의 실제 선택 장면을 자세히 들여다보면 순서는 완전히 다르게 흘러간다. 우리는 먼저 느끼고, 그 다음에 생각한다. 그리고 그 생각은 이미 시작된 감정을 따라가는 경우가 많다. 이 지점에서 등장하는 사람이 바로 안토니오 다마지오다. 그는 인간의 선택이 생각보다 훨씬 감정에 의해 먼저 움직인다는 사실을 아주 흥미로운 방식으로 보여준다.

다마지오는 한 가지 중요한 질문을 던진다. 만약 감정이 없다면 우리는 더 합리적인 선택을 할 수 있을까. 많은 사람들은 "그렇다"고 대답할 것이다. 감정이 없으면 더 냉정하게 판단할 수 있을 것 같기 때문이다. 그런데 실제 연구에서는 전혀 다른 결과가 나타난다. 뇌 손상으로 감정을 제대로 느끼지 못하는 사람들은 오히려 선택을 거의 하지 못하거나, 아주 사소한 결정조차 끝없이 미루는 모습을 보인다. 점심 메뉴 하나를 고르는 데도 몇 시간씩 고민하거나, 선택 자체를 포기해버리는 경우도 있다.

이 장면은 꽤 인상적이다. 감정이 없으면 더 똑똑하게 선택할 것 같지만,

오히려 선택 자체가 멈춰버린다. 왜 이런 일이 일어날까. 다마지오는 그 이유를 이렇게 설명한다. 감정은 판단을 방해하는 요소가 아니라, 선택의 방향을 먼저 잡아주는 신호라는 것이다. 우리가 어떤 선택을 할 때 "왠지 이게 맞는 것 같다"라는 느낌이 먼저 드는 이유가 바로 여기에 있다. 그 느낌이 없다면 우리는 수많은 가능성 앞에서 아무 방향도 잡지 못한 채 계속 머물게 된다.

예를 들어보자. 두 가지 선택지가 있다. 하나는 조금 더 안정적이고, 다른 하나는 더 큰 기회를 줄 수도 있지만 불확실하다. 이 상황에서 우리는 숫자만으로 판단하는 것이 아니라, 각 선택지에 대해 느껴지는 감정을 함께 경험한다. 안정적인 선택은 편안함을 주고, 불확실한 선택은 불안을 동반한다. 그리고 바로 그 감정이 선택의 방향을 먼저 만들어낸다. 그 다음에야 우리는 그 선택을 논리로 설명하기 시작한다.

흥미로운 점은 우리는 이 과정을 거의 인식하지 못한다는 것이다. 우리는 항상 "생각해서 선택했다"고 믿지만, 실제로는 감정이 먼저 움직이고 생각이 그 뒤를 따라가는 경우가 훨씬 많다. 그래서 어떤 선택을 하고 나서 이유를 설명할 때, 그 이유는 선택의 원인이 아니라 선택 이후에 만들어진 이야기일 가능성이 크다. 우리는 생각이 선택을 만든다고 믿지만, 실제로는 감정이 먼저 길을 만들고 생각이 그 길을 정리하는 경우가 많다.

이걸 이해하면 선택을 바라보는 시선이 완전히 달라진다. 중요한 것은 감정을 없애는 것이 아니라, 감정이 언제 선택을 시작하고 있는지를 알아차리는 것이다. 어떤 선택이 유난히 끌리거나, 이유 없이 거부감이 드는 순간, 이미 선택은 시작되고 있을 가능성이 크다. 그 순간을 인식할 수 있다면 우리는 그 감정에 그대로 끌려갈지, 아니면 한 번 더 멈춰볼지를 선택할 수 있게 된다.

결국 다마지오가 우리에게 보여주는 것은 아주 단순하지만 강력한 사실이다. 우리는 생각하는 존재이기 전에, 먼저 느끼는 존재다. 그리고 그 감정이 선택의 출발점이 된다. 이 사실을 이해하는 순간, 우리는 더 이상 감정을 없애려 하지 않고, 감정을 이해하려는 쪽으로 시선을 바꾸게 된다. 그리고 바로 그 지점에서 선택은 이전과는 다른 방식으로 흘러가기 시작한다.

PART 3

우리는 왜
같은 실수를 반복할까

01

이번만은 다르다고 믿는 순간

사람들은 반복되는 실수를 경험하면서도 늘 이렇게 말한다. "이번만은 다를 거야." 이전과 비슷한 상황이라는 것을 알고 있으면서도, 이번 선택만큼은 다른 결과로 이어질 것이라는 기대를 자연스럽게 만들어낸다. 그래서 같은 선택을 다시 하면서도 스스로는 반복하고 있다는 느낌보다 새롭게 시작하고 있다는 느낌을 더 강하게 느낀다. 하지만 시간이 지나고 나면 우리는 익숙한 장면과 다시 마주하게 된다. 비슷한 이유로 시작하고, 비슷한 방식으로 흘러가며, 비슷한 지점에서 후회를 반복하는 순간이 찾아온다. 이 지점에서 우리는 질문하게 된다. 왜 우리는 같은 일이 반복된다는 걸 알면서도, 다를 거라 믿을까.

우리는 과거를 기억하지만 현재를 다르게 해석한다
사람은 과거의 경험을 기억하고 있다고 믿지만 실제로는 그 기억을 현재의 감정에 맞게 다시 해석하는 경우가 많다. 같은 실수를 떠올리면서도 그때와 지금은 다르다고 느끼고 이번에는 상황이 더 나아졌다고 생각하게 된다. 철학적으로 보면 인간은 사실을 있는 그대로 저장하는 존재가 아니라 의미를 재구성하는 존재이기 때문에 과거의 실패조차 현재의 시선으로 다시 쓰게 된다. 그래서 우리는 같은 상황을 반복하면서도 그것을 동일한 사건으로 인식하지 못하고 조금 다른 이야기로 받아들인다. 결국 반복은 명확하게 보이지 않고 흐릿하게 변형된 형태로 나타나기 때문에 우리는 그것을 반복이라고 느끼지 못한 채 다시 선택하게 된다. 기억은 남아 있지만 그 의미는 계속 바뀌고 그 틈에서 우리는 "이번은 다르다"는 믿음을 만들어낸다.

희망은 사실보다 더 설득력 있게 느껴진다

우리는 객관적인 사실보다 가능성을 더 강하게 믿는 경향이 있다. 이미 비슷한 결과를 여러 번 경험했음에도 불구하고 "이번에는 다를 수 있다"는 생각이 더 설득력 있게 느껴지는 이유가 여기에 있다. 심리학적으로 보면 인간은 불확실한 상황에서 긍정적인 가능성을 과대평가하는 경향을 가지고 있고 그 경향은 반복되는 선택에서 더욱 강하게 나타난다. 예를 들어 같은 소비 패턴으로 여러 번 후회를 했음에도 불구하고 이번에는 괜찮을 것 같다는 느낌이 드는 순간 우리는 과거보다 현재의 기대를 더 크게 받아들인다. 철학적으로 보면 인간은 현실보다 가능성 속에서 더 쉽게 살아가는 존재이며 그 가능성은 반복을 정당화하는 힘이 되기도 한다. 그래서 우리는 반복을 인식하면서도 그 반복을 끊기보다 새로운 기대로 덮어버리게 된다.

우리는 같은 선택이 아니라 같은 구조를 반복한다

겉으로 보면 우리는 매번 다른 선택을 하고 있는 것처럼 보인다. 하지만 그 선택의 구조를 자세히 들여다보면 놀라울 정도로 비슷한 흐름이 반복되고 있다. 시작하는 이유는 다르지만 선택의 방식과 감정의 흐름은 거의 동일한 경우가 많다. 예를 들어 스트레스를 받으면 소비로 이어지고, 후회하며 다시 절제하려 하지만 결국 같은 상황에서 다시 소비로 돌아가는 흐름이 반복된다. 이처럼 반복되는 것은 선택 자체가 아니라 선택이 만들어지는 구조다. 철학적으로 보면 인간은 사건을 바꾸기보다 패턴을 유지하려는 존재이며 그 패턴은 쉽게 드러나지 않기 때문에 더 강하게 반복된다. 우리는 다른 선택을 하고 있다고 느끼지만 실제로는 같은 흐름 위에서 움직이고 있는 경우가 많다.

익숙함은 반복을 새로운 선택처럼 느끼게 만든다

익숙한 선택은 우리에게 안정감을 주고 그 안정감은 반복을 낯설지 않게 만든다. 그래서 우리는 같은 행동을 하면서도 그것을 반복이 아니라 자연스러운 선택으로 받아들이게 된다. 심리학적으로 보면 인간은 익숙한 것을 더 안전하게 느끼는 경향이 있기 때문에 이전과 비슷한 선택을 더 쉽게 받아들인다. 이때 반복은 의식적인 선택이 아니라 거의 자동적인 반응처럼 이루어진다. 철학으로 보면 인간은 변화보다 지속을 선호하는 존재이며 그 지속성은 반복을 유지하는 힘으로 작용한다. 그래서 우리는 같은 선택을 하면서도 그것을 반복이라고 인식하지 못하고 그저 자연스럽게 이어지는 흐름으로 받아들인다. 익숙함은 반복을 숨기고 반복은 더 깊어지게 된다.

우리는 반복을 끊기보다 반복을 설명하려 한다

흥미로운 점은 사람들이 반복을 멈추기보다 그것을 이해하고 설명하려 한다는 것이다. 우리는 같은 실수를 했을 때 "왜 그랬을까"를 고민하지만 그 고민이 반복을 끊는 방향으로 이어지지 않는 경우가 많다. 오히려 그 선택을 납득시키는 방향으로 흐르면서 반복은 더 자연스러워진다. 심리학적으로 보면 인간은 자신의 행동을 일관되게 유지하려는 경향이 있기 때문에 반복을 인정하기보다 그것을 정당화하려 한다. 그래서 우리는 "이번에는 어쩔 수 없었어"라는 설명을 덧붙이며 반복을 계속 이어가게 된다. 철학적으로 보면 인간은 변화를 선택하는 존재라기보다 자신의 이야기를 유지하려는 존재이며 그 이야기 속에서 반복은 계속 살아남는다. 결국 반복은 멈추지 않고 더 정교하게 설명되면서 유지된다.

반복을 인식하는 순간 선택은 달라지기 시작한다

이쯤에서 우리는 한 가지를 생각해볼 수 있다. 나는 지금 새로운 선택을 하고 있는 걸까 아니면 이미 익숙한 흐름 위에 서 있는 걸까, 이 질문을 던지는 순간 반복은 처음으로 형태를 드러내기 시작한다.

중요한 것은 더 나은 선택을 찾는 것이 아니라 그 선택이 어떤 흐름에서 만들어지고 있는지를 보는 것이다. 같은 상황에서 같은 감정이 반복되고 있다면 선택도 비슷한 방향으로 흘러갈 가능성이 크다. 그 흐름을 인식하는 순간 우리는 처음으로 선택을 바꿀 수 있는 지점에 서게 된다. 반복은 의지로 끊는 것이 아니라 흐름을 알아차리는 순간부터 약해지기 시작한다.

"이번만은 다르다"는 믿음은 단순한 착각이 아니라, 인간이 반복을 견디기 위해 만들어낸 가장 자연스러운 희망이다. 우리는 같은 실수를 하면서도 그 안에서 새로운 가능성을 발견하려 한다. 그래서 반복은 멈추지 않지만 동시에 그 반복 속에서 변화의 가능성도 함께 존재한다. 중요한 것은 반복을 부정하는 것이 아니라, 그 반복이 어디에서 시작되고 있는지를 이해하는 것이다.

02

익숙한 선택이 더 편한 이유

사람들은 새로운 선택이 더 나은 결과를 가져올 수 있다는 사실을 알고 있다. 그래서 변화가 필요하다는 것도 이해하고, 지금까지와 다른 방식으로 선택해야 한다는 생각도 한다. 하지만 실제로 선택의 순간이 오면 우리는 다시 익숙한 쪽으로 돌아가게 된다. 더 좋은 선택이 있다는 것을 알면서도, 더 편한 선택을 고르게 되는 장면이 반복된다. 이때 우리는 스스로에게 이렇게 말한다. "이번만은 다르게 해보자." 하지만 그 말은 종종 생각에 머물고, 선택은 다시 익숙한 방향으로 흘러간다. 왜 우리는 더 나은 선택보다 더 익숙한 선택을 더 쉽게 받아들이게 되는 걸까.

익숙함은 생각보다 강한 안정감으로 작동한다

익숙한 선택은 단순히 반복된 행동이 아니라 심리적으로 이미 검증된 안전한 영역처럼 느껴진다. 우리는 그 선택이 완벽하지 않다는 것을 알면서도 최소한 예상 가능한 결과를 알고 있기 때문에 불안을 덜 느끼게 된다. 철학적으로 보면 인간은 완전히 새로운 가능성보다 예측 가능한 현실을 더 선호하는 존재이며 그 성향은 선택의 순간마다 드러난다. 그래서 우리는 더 나은 결과를 가져올 수 있는 새로운 선택 앞에서도 망설이게 되고 결국 익숙한 선택으로 돌아가게 된다. 예를 들어 더 효율적인 방법을 알고 있으면서도 늘 하던 방식으로 일을 처리하는 이유도 여기에 있다. 익숙함은 편안함을 제공하는 동시에 선택을 제한하는 힘으로 작용한다. 우리는 자유롭게 선택한다고 믿지만 실제로는 익숙함이 만들어낸 범위 안에서 움직이고 있는 경우가 많다.

에너지를 아끼려는 마음이 선택을 단순하게 만든다

사람의 뇌는 가능한 한 에너지를 적게 사용하려는 방향으로 작동한다. 새로운 선택을 한다는 것은 생각하고 비교하고 판단하는 과정을 필요로 하기 때문에 더 많은 에너지를 요구한다. 반면 익숙한 선택은 이미 여러 번 반복된 경로이기 때문에 거의 자동적으로 이루어질 수 있다. 심리학에서는 이를 인지적 효율성이라고 설명하며 인간은 복잡한 사고를 줄이기 위해 익숙한 방식을 선호하는 경향이 있다고 본다. 그래서 우리는 더 나은 선택이 아니라 더 쉽게 선택할 수 있는 방식을 선택하게 된다. 이 과정은 의식적으로 이루어지지 않기 때문에 우리는 스스로를 게으르다고 느끼지 않으면서도 같은 선택을 반복하게 된다. 결국 익숙함은 편안함뿐만 아니라 사고의 부담을 줄여주는 방향으로 작용한다.

익숙함은 위험보다 확실함을 선택하게 만든다

새로운 선택은 가능성을 포함하고 있지만 동시에 불확실성을 함께 가져온다. 우리는 그 가능성을 알고 있음에도 불구하고 그 안에 포함된 불안을 더 크게 느끼는 경우가 많다. 그래서 더 나은 결과를 기대할 수 있는 선택보다 이미 알고 있는 결과를 더 쉽게 받아들이게 된다. 철학적으로 보면 인간은 가능성 속에서 살아가지만 실제 선택의 순간에서는 불확실성을 줄이려는 방향으로 움직이는 존재다. 예를 들어 새로운 도전을 하면 더 성장할 수 있다는 것을 알면서도 지금의 상태를 유지하는 선택을 하는 이유는 그 결과가 확실하기 때문이다. 익숙함은 결과를 보장하지는 않지만 최소한 예측할 수 있게 만들어주고 그 점이 선택을 더 쉽게 만든다. 우리는 더 좋은 선택이 아니라 덜 불안한 선택을 고르고 있는지도 모른다.

익숙한 선택은 반복될수록 더 자연스러워진다

처음에는 의식적으로 선택했던 행동도 반복되면서 점점 더 자연스러운 반응으로 바뀐다. 그래서 우리는 그 선택을 더 이상 선택이라고 느끼지 않고 하나의 습관처럼 받아들이게 된다. 심리학적으로 보면 반복된 행동은 점점 더 자동화되며 그 과정에서 판단의 개입은 점점 줄어든다. 그래서 우리는 선택을 하고 있다고 생각하지만 실제로는 이미 정해진 흐름을 따라가고 있는 경우가 많다. 철학적으로 보면 인간은 자유롭게 선택하는 존재처럼 보이지만 실제로는 반복을 통해 자신의 행동을 고정시키는 존재이기도 하다. 익숙함은 선택을 쉽게 만들지만 동시에 선택의 가능성을 줄이는 방향으로 작용한다. 결국 우리는 새로운 선택을 하지 않는 것이 아니라 이미 만들어진 선택을 계속 실행하고 있는 것일지도 모른다.

익숙함을 인식하는 순간 선택은 달라질 수 있다

이쯤에서 우리는 한 가지를 생각해볼 수 있다. 지금 내가 하고 있는 선택은 정말 내가 고른 것일까 아니면 익숙함이 만든 흐름일까, 이 질문을 던지는 순간 선택의 장면이 조금 다르게 보이기 시작한다. 중요한 것은 익숙함을 없애는 것이 아니라 그 익숙함이 언제 선택을 대신하고 있는지를 알아차리는 것이다. 같은 상황에서 같은 선택이 반복되고 있다면 그 안에는 이미 굳어진 흐름이 존재할 가능성이 크다. 그 흐름을 인식하는 순간 우리는 처음으로 다른 선택을 시도할 수 있는 지점에 서게 된다. 익숙함은 사라지지 않지만 인식되는 순간 그 영향력은 달라진다. 결국 선택은 더 나은 것을 찾는 것이 아니라 이미 익숙해진 것을 다시 바라보는 순간부터 바뀌기 시작한다.

익숙한 선택이 더 편한 이유는 그것이 더 좋은 선택이기 때문이 아니라, 이미 여러 번 반복되면서 가장 덜 불안하고 가장 적은 에너지를 요구하는 방식이 되었기 때문이다. 인간은 항상 최선의 선택을 하는 존재가 아니라, 가장 부담이 적은 선택을 하는 존재에 가깝다. 그 래서 중요한 것은 새로운 선택을 강요하는 것이 아니라, 익숙함이 선 택을 대신하는 순간을 이해하는 것이다.

03

후회를 하면서도 다시 선택하는 이유

　사람들은 후회를 하면 다음에는 더 나은 선택을 할 수 있을 것이라고 믿는다. 그래서 어떤 선택이 잘못되었다고 느끼는 순간 우리는 그것을 교훈으로 삼고, 다시는 같은 실수를 반복하지 않겠다고 마음먹는다. 하지만 시간이 지나고 비슷한 상황이 다시 찾아오면 우리는 놀랍게도 같은 선택을 다시 하게 된다. 후회의 기억은 분명히 남아 있었는데도, 그 기억은 선택의 순간에서 힘을 발휘하지 못한다. 우리는 분명히 "다시는 그러지 않겠다"라고 말했지만, 그 말은 생각에 머물고 선택은 다시 익숙한 방향으로 흘러간다. 어쩌면 후회는 선택을 바꾸기 위한 힘이라기보다, 이미 지나간 선택을 이해하고 정리하기 위한 감정에 더 가까운 것일지도 모른다. 이 반복되는 장면 속에서 우리는 스스로를 이해하지 못하게 된다. 왜 우리는 그렇게 깊이 후회했으면서도 다시 같은 선택을 하게 되는 걸까.

후회는 선택의 순간이 아니라 선택 이후에 태어난다

후회는 선택을 하는 동안 작동하는 감정이 아니라 선택이 끝난 뒤에야 만들어지는 감정이다. 그래서 우리는 후회할 때는 상황을 매우 또렷하게 바라볼 수 있지만 실제 선택의 순간에는 그 감정을 사용할 수 없다. 예를 들어 어떤 소비를 하고 나서 "이건 정말 필요 없었어"라고 후회하는 순간에는 판단이 명확해지지만 다시 같은 상황이 오면 그 후회의 감정은 거의 느껴지지 않는다. 철학적으로 보면 인간은 과거의 감정을 현재로 그대로 옮겨올 수 없는 존재이며 감정은 항상 현재에 새롭게 생성된다. 그래서 후회는 기억으로 남아 있을 뿐 선택의 순간에 직접적인 힘을 가지지 못한다. 우리는 후회를 기억하지만 그 감정을 다시 느끼지 못하기 때문에 같은 선택을 반복하게 된다. 결국 후회는 선택을 바꾸는 도구가 아니라 선택 이후에 만들어지는 해석에 가깝다.

현재의 감정은 과거의 후회보다 훨씬 더 강하게 작동한다

선택의 순간에는 언제나 현재의 감정이 가장 크게 느껴진다. 우리는 과거의 후회를 알고 있지만 그 후회보다 지금 느끼는 욕구나 감정이 훨씬 더 선명하게 다가온다. 예를 들어 스트레스를 받는 순간에는 이전의 후회보다 지금의 해소 욕구가 더 크게 느껴지고 그 감정이 선택을 이끌어간다. 심리학적으로 보면 인간은 현재의 감정을 과대평가하고 과거의 감정은 상대적으로 약하게 인식하는 경향이 있다. 그래서 우리는 후회를 떠올릴 수는 있지만 그것을 선택의 기준으로 삼지는 못한다. 철학적으로 보면 인간은 시간 속에서 살아가지만 선택은 언제나 현재의 감각에 의해 이루어지는 존재다. 결국 선택은 기억보다 감정의 강도에 의해 결정되고 그 감정은 언제나 지금을 기준으로 작동한다.

우리는 후회를 통해 바꾸기보다 스스로를 납득시키려 한다

흥미로운 점은 우리는 후회를 경험한 뒤 그것을 행동의 변화로 연결하기보다 그 후회를 이해하고 정리하려는 쪽으로 더 많이 움직인다는 것이다. 우리는 "왜 그때 그런 선택을 했을까"를 생각하며 그 상황을 설명하고 스스로를 납득시키려 한다. 이 과정은 변화로 이어지기보다 자기 이해로 이어지는 경우가 많다. 심리학적으로 보면 인간은 자신의 행동을 일관되게 유지하려는 성향을 가지고 있기 때문에 후회를 인정하면서도 그 선택을 완전히 부정하지는 않는다. 그래서 우리는 같은 선택을 반복하면서도 그 선택에 다른 의미를 덧붙이며 스스로를 설득한다. 결국 후회는 선택을 멈추게 하는 힘이 아니라 선택을 유지할 수 있도록 만들어주는 이야기로 바뀌기도 한다. 우리는 바꾸기보다 이해하려는 존재에 더 가깝다.

선택은 하나의 행동이 아니라 하나의 흐름 속에 있다

우리는 선택을 개별적인 행동으로 생각하지만 실제로는 하나의 흐름 속에서 선택이 이어진다. 그래서 한 번의 후회로 그 흐름이 완전히 바뀌지 않는다. 예를 들어 스트레스를 받으면 소비로 이어지고 소비 후에는 후회를 하며 다시 절제하려 하지만 시간이 지나면 다시 같은 흐름으로 돌아가는 구조가 반복된다. 이처럼 선택은 단절된 사건이 아니라 연결된 패턴 속에서 이루어진다. 철학적으로 보면 인간은 사건을 바꾸기보다 흐름을 유지하려는 존재이며 그 흐름은 쉽게 끊어지지 않는다. 그래서 우리는 후회를 경험하면서도 그 흐름 안으로 다시 들어가게 된다. 결국 반복되는 것은 선택이 아니라 선택이 만들어지는 구조다.

후회를 인식하는 방식이 바뀌어야 선택도 달라진다

이쯤에서 우리는 한 가지를 생각해볼 필요가 있다. 후회는 왜 선택을 바꾸지 못하는 걸까 그리고 우리는 그 후회를 어떻게 다르게 사용할 수 있을까. 중요한 것은 후회를 단순한 감정으로 남겨두는 것이 아니라 그 후회가 어떤 흐름에서 만들어졌는지를 이해하는 것이다. 같은 후회가 반복되고 있다면 그 안에는 반복되는 패턴이 존재할 가능성이 크다. 그 패턴을 인식하는 순간 우리는 처음으로 선택을 다르게 만들 수 있는 지점에 서게 된다. 후회는 실패의 증거가 아니라 반복을 보여주는 신호일 수도 있다. 그 신호를 무시하지 않고 바라보는 순간 선택은 조금씩 다른 방향으로 움직이기 시작한다. 결국 변화는 후회를 없애는 것이 아니라 후회를 바라보는 방식에서 시작된다.

후회를 하면서도 다시 선택하는 이유는 우리가 약해서가 아니라,

후회가 선택의 순간이 아니라 선택 이후에 만들어지는 감정이기 때문이다. 인간은 기억보다 현재의 감정에 더 크게 영향을 받는 존재이며 그 감정은 언제나 더 빠르게 선택을 이끈다. 그래서 중요한 것은 후회를 줄이는 것이 아니라 그 후회가 반복되는 흐름을 이해하는 것이다.

04

사람은 왜 같은 패턴으로 돌아갈까

사람들은 반복되는 실수를 겪을 때마다 이렇게 말한다. "왜 나는 또 이걸 반복하고 있을까." 분명히 알고 있었고, 이전에도 같은 결과를 경험했는데도 우리는 다시 비슷한 선택을 하게 된다. 그 순간에는 새로운 선택을 하고 있다고 느끼지만, 시간이 지나고 나면 그 선택이 익숙한 패턴의 일부였다는 사실을 깨닫게 된다. 우리는 선택을 바꾸려고 노력하지만, 선택의 결과는 쉽게 바뀌지 않는다. 이 장면이 반복될수록 한 가지 질문이 점점 더 선명해진다. 우리는 왜 이렇게 같은 패턴으로 돌아가게 되는 걸까.

패턴은 선택보다 먼저 만들어지고 더 오래 유지된다

우리는 선택을 통해 행동이 만들어진다고 믿지만 실제로는 이미 형성된 패턴이 선택을 이끄는 경우가 훨씬 더 많다. 어떤 상황이 반복되면 그 상황에 대한 반응도 점점 고정되며 하나의 흐름처럼 자리 잡는다. 그래서 우리는 매번 새로운 선택을 한다고 느끼지만 실제로는 이미 만들어진 경로 위에서 움직이고 있는 경우가 많다. 철학적으로 보면 인간은 자유롭게 선택하는 존재라기보다 반복을 통해 자신을 구성하는 존재이며 그 반복은 점점 더 단단한 구조가 된다. 예를 들어 스트레스를 받을 때마다 특정 행동으로 이어지는 경험이 쌓이면 이후에는 생각하기 전에 그 행동이 먼저 떠오르게 된다. 이때 선택은 판단의 결과가 아니라 패턴의 결과에 가깝다. 우리는 선택을 하고 있다고 느끼지만 실제로는 이미 익숙해진 흐름을 따라가고 있는 것이다. 그리고 그 흐름은 시간이 지날수록 더 자연스럽게 느껴지기 때문에 더 쉽게 반복된다. 결국 패턴은 선택보다 먼저 존재하고 선택 이후에도 계속 유지되는 구조가 된다.

익숙한 감정은 같은 선택을 다시 불러온다

패턴은 단순한 행동의 반복이 아니라 감정과 함께 저장되는 경험이다. 특정 상황에서 반복적으로 느꼈던 감정은 그 상황과 강하게 연결되며 그 감정이 다시 떠오르는 순간 우리는 같은 방향으로 움직이게 된다. 예를 들어 불안을 느낄 때마다 특정 행동으로 이어졌던 경험이 있다면 이후에는 그 불안 자체가 선택의 신호처럼 작동한다. 심리학적으로 보면 감정은 기억과 결합되어 행동을 유도하는 강력한 요소이며 그 연결이 반복될수록 더 빠르고 강하게 작동한다. 그래서 우리는 생각보다 감정에 의해 같은 선택을 반복하게 된다. 철학적으로 보면 인간은 감정을 통해 세계를 해석하는 존재이며 그 감정은 선택의 기준보다 더 먼저 작동한다. 결국 같은 감정이 반복되는 한 선택도 비슷한 방향으로 흐르게 된다. 우리는 다른 선택을 하려 하지만 같은 감정 속에서는 다른 선택을 만들어내기 어렵다. 감정은 패턴을 유지시키는 가장 강력한 연결 고리다.

우리는 새로운 가능성보다 익숙한 흐름을 더 신뢰한다

사람은 더 나은 선택이 있다는 것을 알면서도 익숙한 선택을 더 쉽게 받아들이는 경향이 있다. 이는 익숙함이 주는 안정감 때문이다. 새로운 선택은 가능성을 포함하고 있지만 동시에 불확실성을 동반하며 그 불확실성은 선택을 어렵게 만든다. 반면 익숙한 선택은 결과가 완벽하지 않더라도 최소한 예측 가능하기 때문에 심리적으로 더 편안하게 느껴진다. 철학적으로 보면 인간은 무한한 가능성 속에서 자유롭게 선택하는 존재처럼 보이지만 실제로는 불확실성을 줄이기 위해 제한된 선택을 반복하는 존재에 가깝다. 그래서 우리는 더 좋은 선택보다 더 확실하게 느껴지는 선택을 하게 된다. 이 과정은 의식적인 판단이 아니라 자연스러운 반응처럼 이루어진다. 결국 우리는 새로운 길을 선택하는 것이 아니라 이미 알고 있는 길을 다시 걷고 있는 경우가 많다. 익숙함은 선택을 쉽게 만들지만 동시에 선택의 범위를 좁힌다.

패턴은 반복될수록 더 빠르고 강하게 작동한다

처음에는 의식적으로 선택했던 행동도 반복되면서 점점 더 자동화된다. 그래서 우리는 선택을 하고 있다는 느낌보다 자연스럽게 그렇게 행동하고 있다는 느낌을 받게 된다. 심리학적으로 보면 반복된 행동은 점점 더 빠르게 떠오르고 그 과정에서 판단의 개입은 점점 줄어든다. 그래서 우리는 선택을 바꾸려고 해도 그 패턴이 먼저 작동하면서 다시 같은 행동으로 이어지게 된다. 철학적으로 보면 인간은 반복을 통해 자신의 행동을 단순화하는 존재이며 그 단순화는 삶을 편하게 만들지만 동시에 변화의 가능성을 줄인다. 반복된 패턴은 생각보다 강력해서 의지로만 바꾸기 어렵다. 결국 우리는 선택을 하는 것이 아니라 이미 형성된 흐름을 실행하고 있는 경우가 많다. 그리고 그 흐름은 시간이 지날수록 더 빠르게 작동하며 더 깊게 자리 잡는다. 패턴은 편리함과 동시에 한계를 함께 만들어낸다.

패턴을 인식하는 순간 선택은 처음으로 달라질 수 있다

이쯤에서 우리는 한 가지를 생각해볼 수 있다. 지금 내가 하고 있는 선택은 정말 새로운 선택일까 아니면 이미 반복되어 온 흐름일까, 이 질문을 던지는 순간 패턴은 처음으로 형태를 드러낸다. 중요한 것은 새로운 선택을 억지로 만들어내는 것이 아니라 그 선택이 어떤 흐름에서 나왔는지를 이해하는 것이다. 같은 상황에서 같은 감정과 같은 행동이 반복되고 있다면 그 안에는 분명한 패턴이 존재한다. 그 패턴을 인식하는 순간 우리는 그 흐름에서 벗어날 수 있는 작은 틈을 발견하게 된다. 철학적으로 보면 인간은 인식하는 순간 자유를 가지는 존재이며 그 인식은 선택을 바꾸는 출발점이 된다. 패턴은 사라지지 않지만 인식되는 순간 더 이상 완전히 동일하게 작동하지 않는다. 결국 선택은 의지로 바뀌는 것이 아니라 흐름을 알아차리는 순간부터 달라지기 시작한다.

사람이 같은 패턴으로 돌아가는 이유는 의지가 약해서가 아니라 이미 만들어진 흐름이 선택보다 더 빠르고 강하게 작동하기 때문이다. 인간은 매번 새롭게 선택하는 존재가 아니라 반복 속에서 자신을 만들어가는 존재이며 그 반복은 자연스럽게 이어진다. 그래서 중요한 것은 반복을 멈추는 것이 아니라 그 반복이 만들어지는 구조를 이해하는 것이다.

05

반복은 습관이 아니라 흐름이다

　사람들은 반복되는 행동을 보며 그것을 "습관"이라고 부른다. 그래서 같은 실수를 계속하면 "이건 그냥 습관이야"라고 말하며 그 이유를 단순하게 정리하려 한다. 하지만 조금만 더 깊이 들여다보면 반복은 단순한 습관의 문제가 아니라 하나의 흐름처럼 이어지고 있다는 사실이 드러난다. 우리는 특정 행동을 반복하는 것이 아니라, 특정한 상황과 감정, 그리고 그에 따른 반응이 연결된 흐름 속에서 움직이고 있다. 그래서 습관을 바꾸려 해도 쉽게 바뀌지 않고, 의지를 다져도 다시 같은 선택으로 돌아가게 된다. 반복은 하나의 행동이 아니라 우리가 인식하지 못한 채 따라가고 있는 길일지도 모른다. 이 지점에서 질문이 생긴다. 우리는 습관을 반복하는 걸까, 아니면 이미 만들어진 흐름을 따라가고 있는 걸까.

반복은 행동이 아니라 시작부터 이어진 흐름이다

우리는 반복을 하나의 행동으로 이해하지만 실제로는 그 행동 이전부터 이미 시작된 흐름의 일부다. 어떤 상황이 발생하고 그 상황에서 특정한 감정이 올라오며 그 감정이 하나의 선택을 이끌어내고 그 선택의 결과가 다시 다음 상황으로 이어지는 구조가 반복된다. 그래서 우리는 행동만 보고 그것을 바꾸려고 하지만 그 행동 앞에 있는 시작과 뒤에 이어지는 결과는 그대로 유지되기 때문에 반복은 쉽게 끊어지지 않는다. 철학적으로 보면 인간은 사건을 단절된 점으로 경험하는 존재가 아니라 시간 속에서 연결된 선으로 경험하는 존재이며 그 선이 반복을 만든다. 예를 들어 피로가 쌓이면 특정 행동으로 이어지고 그 결과로 또 다른 감정이 생기며 다시 같은 상황이 만들어지는 흐름은 매우 흔하다. 결국 반복은 하나의 선택이 아니라 여러 요소가 이어진 구조이며 그 구조는 생각보다 오래 유지된다. 우리는 행동을 바꾸려 하지만 흐름은 그대로 두고 있기 때문에 같은 결과가 다시 나타난다. 반복은 눈에 보이는 행동보다 그 아래에 있는 연결 속에서 만들어진다.

우리는 결과를 바꾸려 하지만 시작을 바꾸지 않는다

사람들은 반복되는 결과를 보며 그 결과를 바꾸려고 노력한다. 하지만 그 결과를 만들어낸 시작점은 그대로 두는 경우가 많다. 그래서 우리는 같은 상황이 시작되면 다시 같은 감정과 같은 선택으로 이어지게 된다. 심리학적으로 보면 행동은 독립적으로 존재하지 않고 맥

락 속에서 형성되기 때문에 그 맥락이 바뀌지 않으면 결과도 바뀌기 어렵다. 철학적으로 보면 변화는 결과를 수정하는 것이 아니라 시작의 방향을 바꾸는 데서 시작된다. 예를 들어 스트레스를 받는 순간 어떤 선택으로 이어지는 흐름이 반복된다면 그 선택을 바꾸기보다 스트레스가 시작되는 지점을 바라보는 것이 더 중요할 수 있다. 우리는 선택을 바꾸려 하지만 선택이 만들어지는 출발점은 거의 그대로 둔다. 결국 반복은 결과의 문제가 아니라 시작의 문제일지도 모른다. 시작이 같으면 흐름도 다시 같은 방향으로 이어진다.

감정은 흐름을 이어붙이는 가장 강력한 힘이다

흐름 속에서 가장 중요한 역할을 하는 것은 감정이다. 특정 상황에서 반복적으로 느꼈던 감정은 그 상황과 강하게 연결되며 그 감정이 다시 떠오르는 순간 우리는 거의 자동적으로 같은 선택을 하게 된다. 예를 들어 지루함이나 불안 같은 감정이 특정 행동과 연결되면 그 감정 자체가 행동을 시작하는 신호가 된다. 심리학적으로 보면 감정은 기억과 행동을 연결하는 핵심 요소이며 그 연결이 반복될수록 더 빠르게 작동한다. 철학적으로 보면 인간은 이성보다 감정을 통해 세계를 이해하는 존재이며 그 감정은 선택의 방향을 자연스럽게 결정짓는다. 그래서 우리는 생각보다 감정에 의해 같은 흐름을 반복하게 된다. 감정은 흐름을 끊는 것이 아니라 이어주는 역할을 하며 그 흐름은 점점 더 자연스러운 것이 된다. 결국 반복은 의지의 문제가 아니라 감정이 만들어낸 연결의 문제일지도 모른다.

흐름은 반복될수록 더 빠르고 더 자연스러워진다

처음에는 의식적으로 선택했던 행동도 반복되면서 점점 더 자연스러운 반응으로 바뀐다. 그래서 우리는 선택을 하고 있다는 느낌보다 그냥 그렇게 되는 것 같은 느낌을 받게 된다. 심리학적으로 보면 반복된 흐름은 점점 자동화되며 그 과정에서 의식적인 판단의 개입은 점점 줄어든다. 그래서 우리는 선택을 바꾸려고 해도 그 흐름이 먼저 작동하면서 다시 같은 행동으로 이어지게 된다. 철학적으로 보면 인간은 반복을 통해 자신의 행동을 단순화하는 존재이며 그 단순화는 삶을 편하게 만들지만 동시에 선택의 가능성을 줄인다. 흐름은 우리를 편하게 만들지만 동시에 우리를 그 안에 머물게 만든다. 결국 우리는 선택을 하고 있는 것이 아니라 이미 형성된 흐름을 실행하고 있는 경우가 많다. 그리고 그 흐름은 시간이 지날수록 더 빠르게 작동하며 더 깊게 자리 잡는다. 반복은 점점 더 자연스러워지고 그만큼 더 쉽게 유지된다.

흐름을 인식하는 순간 반복은 처음으로 흔들린다

이쯤에서 우리는 한 가지를 생각해볼 수 있다. 지금 내가 반복하고 있는 것은 정말 하나의 행동일까 아니면 이어진 흐름일까, 이 질문을 던지는 순간 반복은 처음으로 구조를 드러낸다. 중요한 것은 특정 행동을 억지로 바꾸는 것이 아니라 그 행동이 어떤 흐름 속에서 만들어지고 있는지를 보는 것이다. 같은 상황에서 같은 감정과 같은 선택이 반복되고 있다면 그 안에는 분명한 구조가 존재한다. 그 구조를 인식하는 순간 우리는 그 흐름에서 벗어날 수 있는 작은 틈을 발견하게 된다. 철학적으로 보면 인간은 인식하는 순간 자유를 가지는 존재이며 그 인식은 반복을 바꾸는 출발점이 된다. 흐름은 사라지지 않지만 인식되는 순간 더 이상 완전히 동일하게 작동하지 않는다. 결국 변화는 의지에서 시작되는 것이 아니라 흐름을 알아차리는 순간에서 시작된다.

반복은 단순한 습관이 아니라 상황과 감정, 선택이 이어진 하나의 흐름이다. 인간은 매번 새롭게 선택하는 존재처럼 보이지만 실제로는 반복되는 구조 속에서 움직이고 있다. 그래서 중요한 것은 습관을 고치는 것이 아니라 그 습관이 만들어지는 흐름을 이해하는 것이다.

찰스 두히그
반복은 어떻게 선택이 되는가

사람들은 보통 이렇게 생각한다. 반복은 의지의 문제라고. 그래서 같은 행동을 계속하면 "나는 왜 이렇게 의지가 약할까"라고 스스로를 탓하게 된다. 하지만 이 반복을 완전히 다른 시선으로 바라본 사람이 있다. 바로 찰스 두히그다. 그는 반복을 단순한 습관이 아니라 하나의 구조로 설명한다. 그리고 그 구조를 이해하는 순간, 반복은 더 이상 막연한 문제가 아니라 이해할 수 있는 흐름으로 바뀐다.

두히그는 반복되는 행동에는 일정한 패턴이 있다고 말한다. 어떤 행동이 반복될 때는 항상 "신호 → 행동 → 보상"이라는 흐름이 존재한다는 것이다. 예를 들어 특정한 시간이나 상황이 신호가 되고, 그 신호가 특정 행동을 유도하며, 그 행동이 어떤 감정적 보상으로 이어진다. 그리고 이 보상이 다시 그 행동을 강화하면서 반복이 만들어진다. 중요한 것은 이 과정이 우리가 의식하지 못하는 사이에 매우 자연스럽게 이루어진다는 점이다.

흥미로운 건 우리는 이 구조를 거의 인식하지 못한다는 것이다. 우리는 단지 "또 했다"라고 느끼지만, 실제로는 이미 시작된 흐름을 따라갔을 뿐이다. 예를 들어 스트레스를 받는 순간 자연스럽게 특정 행동으로 이어지는 경험이 반복된다면, 그 선택은 의지의 문제가 아니라 이미 연결된 구조의 결과일 가능성이 크다. 그래서 우리는 선택을 하고 있다고 느끼지만, 실제로는 선택하기 전에 이미 방향이 정해져 있는 경우가 많다.

여기서 중요한 포인트가 하나 있다. 행동은 바꾸기 어렵지만, 구조는 바꿀 수 있다는 점이다. 두히그는 반복을 끊기 위해 의지만으로 버티기보다. 그 반복을 만드는 신호와 보상을 이해하는 것이 더 중요하다고 말한다. 왜냐하면 행동은 그 자체로 존재하는 것이 아니라, 어떤 신호와 보상에 의해 유지되기 때문이다. 그래서 행동만 억지로 바꾸려 하면 다시 돌아가지만, 그 흐름을 구성하는 요소를 바꾸면 반복 자체가 달라질 수 있다.

이걸 일상으로 가져와 보면 훨씬 선명해진다. 어떤 사람이 피곤할 때마다 특정 행동을 반복한다면, 그 행동을 없애려 하기보다 "언제 시작되는가"와 "왜 계속되는가"를 먼저 보는 것이 필요하다. 그 순간의 감정이 신호인지, 그 행동 뒤에 따라오는 감정이 보상인지 이해하게 되면, 선택은 조금씩 다른 방향으로 움직이기 시작한다. 반복은 단순한 습관이 아니라 구조이기 때문에, 그 구조를 건드리지 않으면 행동만으로는 바뀌지 않는다.

결국 두히그가 말하는 핵심은 아주 단순하다. 우리는 의지로 반복을 끊는 존재가 아니라, 구조 속에서 반복을 만들어내는 존재라는 것이다. 그래서 반복을 이해한다는 것은 나를 이해하는 것과도 연결된다. 어떤 순간에 어떤 선택을 하게 되는지, 그 선택이 어떤 감정과 이어져 있는지 알게 되는 순간, 우리는 처음으로 그 반복에서 벗어날 수 있는 작은 틈을 발견하게 된다.

반복은 사라지지 않는다. 대신 바뀐다. 그리고 그 변화는 더 강한 의지에서 시작되는 것이 아니라, 내가 어떤 흐름 속에서 움직이고 있는지를 알아차리는 순간부터 시작된다.

PART 4

우리는 무엇을
보고 선택할까

01

같은 상황, 전혀 다른 결론

사람들은 같은 상황을 보면 비슷한 선택을 할 것이라고 생각한다. 조건이 같다면 결론도 비슷해야 한다고 믿기 때문이다. 하지만 현실에서는 전혀 다른 장면이 펼쳐진다. 같은 정보를 보고도 어떤 사람은 기회를 보고, 어떤 사람은 위험을 본다. 같은 제안을 두고 누군가는 과감하게 선택하고, 누군가는 끝내 망설이다 놓쳐버린다. 우리는 같은 상황 속에 서 있다고 느끼지만, 실제로는 전혀 다른 세계를 보고 있는 것일지도 모른다. 이 지점에서 질문이 생긴다. 우리는 같은 것을 보고 있는 걸까, 아니면 서로 다른 기준으로 전혀 다른 장면을 보고 있는 걸까.

우리는 사실을 보는 것이 아니라 해석을 본다

우리는 눈앞의 상황을 그대로 받아들인다고 생각하지만 실제로는 그 상황을 해석한 결과를 보고 있다. 같은 사건을 두고도 사람마다 다르게 느끼는 이유는 사실이 다르기 때문이 아니라 해석의 방식이 다르기 때문이다. 철학적으로 보면 인간은 객관적인 현실을 있는 그대로 인식하는 존재가 아니라 자신의 경험과 가치관을 통해 현실을 재구성하는 존재다. 그래서 우리는 같은 정보를 보면서도 전혀 다른 의미를 만들어낸다. 예를 들어 하나의 기회를 두고 어떤 사람은 가능성을 보고 어떤 사람은 실패의 위험을 먼저 떠올리는 이유는 그 사람이 무엇을 더 중요하게 여기는지에 따라 달라진다. 결국 선택은 상황의 문제가 아니라 그 상황을 어떻게 해석하느냐의 문제일지도 모른다. 우리는 같은 장면을 보면서도 각자의 이야기를 만들어내고 있다.

경험은 기준이 되고 기준은 결론을 만든다

사람은 지금까지 살아온 경험을 통해 자신만의 기준을 만들어낸다. 그 기준은 눈에 보이지 않지만 선택의 순간마다 매우 강하게 작동한다. 그래서 우리는 새로운 상황에서도 과거의 경험을 바탕으로 빠르게 판단하게 된다. 심리학적으로 보면 인간은 불확실성을 줄이기 위해 이미 알고 있는 패턴을 활용하려는 경향이 있으며 그 패턴이 기준으로 작용한다. 예를 들어 비슷한 상황에서 성공을 경험한 사람은 같은 조건을 긍정적으로 바라보고 반대로 실패를 경험한 사람은 같은 조건을 더 조심스럽게 해석한다. 철학적으로 보면 인간은 과거의 축적 위에서 현재를 이해하는 존재이며 그 축적이 선택의 방향을 결정짓는다. 결국 우리는 상황을 보는 것이 아니라 자신의 경험을 통해 필터링된 현실을 보고 있다.

우리는 정보를 모으기보다 방향을 먼저 정한다

많은 사람들은 충분한 정보를 모은 뒤 선택한다고 믿지만 실제로는 이미 방향이 정해진 상태에서 정보를 받아들이는 경우가 많다. 우리는 마음속으로 어느 정도 결론을 내린 뒤 그 결론을 뒷받침하는 정보에 더 주목하게 된다. 심리학에서는 이를 확증 편향이라고 설명하며 인간은 자신이 믿고 싶은 방향으로 정보를 선택적으로 받아들이는 경향이 있다고 본다. 그래서 같은 데이터를 보면서도 서로 다른 결론에 도달하는 일이 자연스럽게 발생한다. 철학적으로 보면 인간은 진실을 찾는 존재라기보다 의미를 선택하는 존재에 가깝다. 우리는 정보를 통해 선택을 만드는 것이 아니라 선택을 통해 정보를 정리한다. 결국 선택은 정보의 양이 아니라 방향의 문제로 이어진다.

같은 상황은 존재하지만 같은 기준은 존재하지 않는다

겉으로 보기에는 모두가 같은 조건 속에 있는 것처럼 보이지만 실제로는 각자가 전혀 다른 기준을 가지고 있다. 어떤 사람에게 중요한 것은 안정이고 어떤 사람에게 중요한 것은 가능성이며 또 다른 사람에게 중요한 것은 타이밍일 수 있다. 이 기준은 눈에 보이지 않지만 선택의 결과를 완전히 다르게 만든다. 철학적으로 보면 인간은 동일한 세계 속에 살면서도 각자의 기준에 따라 서로 다른 세계를 경험하는 존재다. 그래서 우리는 같은 상황을 공유하면서도 서로를 완전히 이해하기 어려운 경우가 많다. 선택의 차이는 능력의 차이가 아니라 기준의 차이에서 시작되는 경우가 많다. 결국 같은 상황에서도 전혀 다른 결론이 나오는 이유는 각자가 바라보는 기준이 다르기 때문이다.

타인의 시선은 또 하나의 보이지 않는 기준이 된다

우리는 혼자 선택한다고 생각하지만 실제로는 타인의 시선과 기대 속에서 선택을 조정하는 경우가 많다. 같은 상황에서도 주변 사람들이 어떻게 생각할지를 떠올리는 순간 선택의 방향이 달라지기도 한다. 심리학적으로 보면 인간은 사회적 존재이기 때문에 타인의 평가를 고려하며 판단을 수정하는 경향이 있다. 그래서 우리는 자신의 기준뿐만 아니라 타인의 기준까지 함께 반영하며 선택을 하게 된다. 철학적으로 보면 인간은 독립적인 존재이면서 동시에 관계 속에서 정의되는 존재이며 그 관계는 선택에 영향을 준다. 예를 들어 같은 기회를 두고도 혼자 있을 때와 다른 사람들과 있을 때의 선택이 달라지는 경험은 매우 흔하다. 결국 우리는 상황만 보고 선택하는 것이 아니라 그 상황 속에서의 관계까지 함께 고려하며 결론을 만든다. 타인의 시선은 보이지 않지만 선택을 바꾸는 강력한 요소다.

기준을 인식하는 순간 선택은 달라지기 시작한다

이쯤에서 우리는 한 가지를 생각해볼 수 있다. 나는 지금 무엇을 보고 있는 걸까 그리고 그 판단은 어떤 기준에서 나온 것일까, 이 질문을 던지는 순간 선택의 장면은 조금 다르게 보이기 시작한다. 중요한 것은 더 많은 정보를 얻는 것이 아니라 내가 어떤 기준으로 상황을 해석하고 있는지를 이해하는 것이다. 같은 상황에서도 다른 결론이 나온다는 사실을 인식하는 순간 우리는 자신의 선택을 한 번 더 바라볼 수 있게 된다. 철학적으로 보면 인간은 인식하는 순간 자유를 가지는 존재이며 그 인식은 선택의 방향을 바꿀 수 있는 힘이 된다. 기준은 사라지지 않지만 인식되는 순간 더 이상 절대적인 것이 아니라 하나의 관점으로 보이기 시작한다. 결국 선택은 상황을 바꾸는 것이 아니라 상황을 바라보는 기준을 이해하는 순간부터 달라진다.

같은 상황, 전혀 다른 결론이 나오는 이유는 우리가 같은 것을 보고 있지 않기 때문이다. 인간은 사실을 그대로 받아들이는 존재가 아니라 해석을 통해 현실을 만들어가는 존재다. 그래서 중요한 것은 더 정확한 답을 찾는 것이 아니라, 내가 어떤 기준으로 그 답을 보고 있는지를 이해하는 것이다.

02

정보보다 기준이 먼저 작동하는 순간

사람들은 선택을 할 때 정보를 먼저 모은다고 믿는다. 그래서 더 많은 데이터를 보고, 더 다양한 의견을 듣고, 더 신중하게 판단하면 더 좋은 결론에 도달할 수 있다고 생각한다. 하지만 실제 선택의 장면을 자세히 들여다보면 전혀 다른 흐름이 보인다. 우리는 정보를 보기 전에 이미 어떤 방향으로 기울어져 있고, 그 방향에 맞는 정보만 더 선명하게 받아들이는 경우가 많다. 같은 정보를 두고도 누군가는 확신을 얻고, 누군가는 의심을 강화하는 이유는 바로 여기에 있다. 이 지점에서 질문이 생긴다. 우리는 정보를 보고 선택하는 걸까, 아니면 이미 가지고 있던 기준으로 정보를 해석하고 있는 걸까.

우리는 정보를 보기 전에 이미 방향을 정한다

사람은 어떤 선택을 해야 하는 순간이 오면 그 상황을 완전히 이해하기 전에 먼저 느낌과 직관으로 방향을 잡는 경우가 많다. 이 방향은 아주 빠르게 만들어지며 대부분은 의식되지 않는다. 그리고 그 이후에 우리는 정보를 찾아보기 시작하지만 사실은 이미 정해진 방향을 확인하는 과정에 들어간 상태일 가능성이 크다. 철학적으로 보면 인간은 이성으로 결정을 내리는 존재라기보다 감각과 직관으로 먼저 방향을 정하고 그 위에 이성을 쌓아가는 존재다. 그래서 우리는 정보를 통해 선택을 만든다고 믿지만 실제로는 선택을 통해 정보를 정리하고 있는 경우가 많다. 결국 정보는 출발점이 아니라 이미 시작된 선택을 강화하는 재료가 된다. 우리는 생각보다 훨씬 빠르게 방향을 정하고 있다.

기준은 보이지 않지만 선택을 지배한다

사람은 자신만의 기준을 가지고 있고 그 기준은 눈에 보이지 않지만 선택의 순간마다 매우 강하게 작동한다. 이 기준은 경험, 가치관, 과거의 기억 속에서 형성되며 시간이 지날수록 더 단단해진다. 그래서 우리는 같은 정보를 보면서도 전혀 다른 의미를 읽어낸다. 심리학적으로 보면 인간은 객관적인 정보를 그대로 받아들이기보다 자신의 기준에 맞게 정보를 해석하는 경향이 있다. 예를 들어 안정성을 중요하게 여기는 사람은 같은 데이터를 보면서 위험 요소를 먼저 발견하고, 가능성을 중요하게 여기는 사람은 기회의 신호를 더 크게 받아들인다. 철학적으로 보면 인간은 현실을 그대로 인식하는 존재가 아니라 기준을 통해 재구성하는 존재다. 결국 선택은 정보의 문제가 아니라 기준의 문제로 이어진다.

정보는 선택을 바꾸기보다 선택을 강화한다

우리는 정보를 많이 보면 더 객관적인 판단을 할 수 있을 것이라고 생각하지만 실제로는 그 반대의 경우도 많다. 이미 마음속으로 어느 정도 방향이 정해진 상태에서는 새로운 정보도 그 방향을 강화하는 방식으로 받아들여진다. 심리학에서는 이를 확증 편향이라고 설명하며 인간은 자신이 믿고 싶은 것을 더 강하게 받아들이고 반대되는 정보는 무시하거나 축소하는 경향이 있다고 본다. 그래서 우리는 정보를 모으는 과정에서 선택을 수정하기보다 오히려 더 확신하게 되는 경우가 많다. 철학적으로 보면 인간은 진실을 찾는 존재라기보다 자신의 믿음을 유지하려는 존재에 가깝다. 결국 정보는 선택을 만드는 도구가 아니라 선택을 지지하는 근거로 사용되기도 한다.

빠른 판단은 틀린 것이 아니라 효율적인 것이다

우리는 빠르게 내린 판단을 경계하고 그것을 비합리적인 것으로 여기지만 실제로 인간의 사고는 원래 빠르게 작동하도록 설계되어 있다. 모든 상황에서 깊이 있는 분석을 한다면 우리는 일상적인 선택조차 제대로 할 수 없게 된다. 그래서 인간은 빠르게 판단하고 그 판단을 기준으로 행동하는 방식을 선택한다. 심리학적으로 보면 이는 인지적 효율성을 위한 자연스러운 과정이며 에너지를 절약하기 위한 전략이기도 하다. 철학적으로 보면 인간은 완벽한 판단을 추구하는 존재가 아니라 제한된 조건 속에서 최선의 판단을 하려는 존재다. 그래서 우리는 빠르게 방향을 정하고 그 방향을 유지하는 방식으로 선택을 이어간다. 문제는 그 과정이 너무 자연스러워서 스스로 인식하지 못한다는 점이다.

우리는 정보를 이해하는 것이 아니라 이야기로 만든다

사람은 정보를 숫자나 사실로만 받아들이지 않고 그것을 하나의 이야기로 연결하려 한다. 그래서 같은 데이터를 보면서도 각자 다른 결론을 만들어내게 된다. 심리학적으로 보면 인간은 단순한 정보보다 의미 있는 이야기 구조를 더 쉽게 이해하고 기억하는 존재다. 그래서 우리는 정보를 분석하기보다 그것을 자신의 기준에 맞는 이야기로 재구성한다. 예를 들어 같은 결과를 보고도 어떤 사람은 "이건 실패의 신호다"라고 말하고, 다른 사람은 "이건 가능성의 시작이다"라고 해석하는 이유는 정보가 아니라 이야기의 방향이 다르기 때문이다. 철학적으로 보면 인간은 사실보다 의미를 통해 세계를 이해하는 존재다. 결국 선택은 정보가 아니라 우리가 만들어낸 이야기의 결과일지도 모른다.

기준을 인식하는 순간 정보의 의미는 달라진다

이쯤에서 우리는 한 가지를 생각해볼 필요가 있다. 나는 지금 정보를 보고 있는 걸까 아니면 내 기준을 확인하고 있는 걸까, 이 질문을 던지는 순간 선택의 장면은 조금 다르게 보이기 시작한다. 중요한 것은 더 많은 정보를 얻는 것이 아니라 내가 어떤 기준으로 그 정보를 해석하고 있는지를 이해하는 것이다. 같은 정보도 기준에 따라 완전히 다른 의미를 가지게 되기 때문이다. 철학적으로 보면 인간은 인식하는 순간 자유를 가지는 존재이며 그 인식은 선택의 방향을 바꿀 수 있는 힘이 된다. 기준은 사라지지 않지만 인식되는 순간 절대적인 것이 아니라 하나의 관점으로 보이기 시작한다. 결국 선택은 정보를 바꾸는 것이 아니라 정보를 바라보는 기준을 이해하는 순간부터 달라진다.

정보보다 기준이 먼저 작동하는 순간은 우리가 비합리적이어서가 아니라 인간이 원래 그렇게 판단하도록 만들어진 존재이기 때문이다. 우리는 정보를 통해 선택을 만드는 것이 아니라 이미 가지고 있는 기준으로 정보를 해석하며 선택을 완성한다. 그래서 중요한 것은 더 많은 정보를 찾는 것이 아니라, 내가 어떤 기준으로 그 정보를 보고 있는지를 이해하는 것이다.

03

타인의 선택이 나를 흔드는 이유

    사람들은 스스로의 기준으로 선택한다고 믿는다. 그래서 중요한 결정을 할 때도 "나는 남의 말에 흔들리지 않는다"라고 말하곤 한다. 하지만 실제 선택의 장면을 떠올려보면, 우리는 생각보다 자주 타인의 선택에 영향을 받는다. 누군가의 결정이 기준이 되기도 하고, 주변의 흐름이 방향을 바꾸기도 한다. 특히 많은 사람이 같은 방향을 선택하는 순간, 그 선택은 더 안전해 보이고 더 옳은 것처럼 느껴진다. 같은 상황에서도 혼자 있을 때와 다른 사람들과 함께 있을 때의 선택이 달라지는 경험은 누구에게나 있다. 우리는 독립적으로 선택한다고 느끼지만, 실제로는 보이지 않는 관계 속에서 함께 흔들리고 있는지도 모른다. 이 지점에서 질문이 생긴다. 우리는 정말 나의 기준으로 선택하는 걸까, 아니면 타인의 선택을 기준으로 삼고 있는 걸까.

우리는 혼자가 아니라 관계 속에서 판단한다

인간은 혼자 존재하는 것처럼 보이지만 실제로는 언제나 관계 속에서 판단하는 존재다. 어떤 선택을 할 때도 우리는 주변 사람들의 생각과 반응을 자연스럽게 떠올리게 된다. 그래서 완전히 혼자만의 기준으로 선택하는 순간은 생각보다 많지 않다. 철학적으로 보면 인간은 독립적인 존재라기보다 타인과의 관계 속에서 자신을 정의하는 존재이며 그 관계는 선택의 방향에 깊이 관여한다. 예를 들어 같은 상황에서도 혼자 있을 때는 과감한 선택을 하다가도 누군가의 시선을 의식하는 순간 더 안전한 선택으로 바뀌는 경우가 흔하다. 우리는 선택을 하고 있지만 동시에 관계 속에서 균형을 맞추고 있다. 결국 선택은 개인의 문제가 아니라 관계의 문제이기도 하다.

타인의 선택은 보이지 않는 기준으로 작동한다

우리는 타인의 선택을 단순한 정보처럼 받아들이지만 실제로는 그것이 하나의 기준처럼 작동한다. 특히 불확실한 상황에서는 다른 사람들이 어떤 선택을 했는지가 매우 중요한 판단 근거가 된다. 심리학에서는 이를 사회적 증거라고 설명하며 인간은 다른 사람들의 행동을 참고하여 자신의 선택을 결정하려는 경향이 있다고 본다. 그래서 우리는 스스로 판단한다고 믿으면서도 이미 주변의 선택에 영향을 받고 있는 경우가 많다. 철학적으로 보면 인간은 확신이 부족할수록 타인의 기준을 빌려오는 존재이며 그 과정은 매우 자연스럽게 이루어진다. 결국 타인의 선택은 보이지 않지만 매우 강력한 기준으로 작동한다.

우리는 다수의 선택을 더 안전하게 느낀다

사람은 많은 사람이 선택한 방향을 더 안전하게 느끼는 경향이 있다. 이는 그 선택이 반드시 옳기 때문이 아니라 혼자가 아니라는 안정감 때문일 수 있다. 그래서 우리는 다수가 선택한 길을 따라가면서 위험을 줄이고 있다고 느낀다. 심리학적으로 보면 인간은 사회적 존재이기 때문에 집단과의 일치를 통해 안정감을 얻으려는 경향이 있다. 철학적으로 보면 인간은 진실보다 소속감을 통해 선택을 강화하는 존재이기도 하다. 예를 들어 모두가 선택하는 방향이 있을 때 우리는 그 선택을 의심하기보다 자연스럽게 받아들이게 된다. 결국 선택은 옳고 그름의 문제가 아니라 혼자인가 아닌가의 문제로 바뀌기도 한다.

비교는 선택을 흔들리게 만드는 가장 빠른 방식이다

타인의 선택이 영향을 주는 또 다른 이유는 비교 때문이다. 우리는 자신이 가진 기준보다 다른 사람의 선택을 비교하면서 판단을 수정하는 경우가 많다. 누군가 더 나은 결과를 얻었다는 사실을 알게 되는 순간 우리의 선택은 흔들리기 시작한다. 심리학적으로 보면 인간은 절대적인 기준보다 상대적인 비교를 통해 만족과 불만족을 느끼는 존재다. 그래서 우리는 자신의 선택을 그대로 유지하기보다 더 나아 보이는 선택 쪽으로 마음이 이동하게 된다. 철학적으로 보면 인간은 자신의 삶을 독립적으로 바라보지 못하고 끊임없이 타인의 삶과 연결 지어 해석하는 존재다. 결국 비교는 선택의 방향을 바꾸는 가장 빠른 계기가 된다.

우리는 타인의 시선을 통해 스스로를 판단한다

선택의 순간에 우리는 결과뿐만 아니라 그 선택이 어떻게 보일지를 함께 고려한다. 이때 타인의 시선은 하나의 기준으로 작용하며 선택의 방향을 바꾸기도 한다. 심리학적으로 보면 인간은 자신을 타인의 시선을 통해 바라보는 경향이 있으며 그 시선은 행동을 조정하는 역할을 한다. 그래서 우리는 "이 선택이 어떻게 보일까"라는 생각을 하며 판단을 수정하게 된다. 철학적으로 보면 인간은 자기 자신을 직접 인식하는 존재라기보다 타인의 시선을 통해 자신을 이해하는 존재이기도 하다. 결국 우리는 선택을 하는 동시에 스스로를 보여주고 있다. 그 과정에서 선택은 자연스럽게 달라진다.

타인의 선택을 인식하는 순간 기준은 다시 돌아온다

이쯤에서 우리는 한 가지를 생각해볼 수 있다. 지금 내가 하려는 선택은 정말 나의 기준에서 나온 것일까 아니면 타인의 선택에 의해 흔들리고 있는 것일까. 이 질문을 던지는 순간 선택의 흐름은 조금씩 달라지기 시작한다. 중요한 것은 타인의 영향을 완전히 배제하는 것이 아니라 그 영향이 언제 작동하고 있는지를 알아차리는 것이다. 같은 상황에서도 타인의 선택이 나에게 어떤 기준으로 작용하고 있는지를 인식하는 순간 우리는 그 흐름에서 한 발 물러설 수 있게 된다. 철학적으로 보면 인간은 인식하는 순간 자유를 가지는 존재이며 그 인식은 선택을 다시 나에게 돌려주는 힘이 된다. 타인의 선택은 사라지지 않지만 인식되는 순간 더 이상 절대적인 기준이 아니라 하나의 참고가 된다. 결국 선택은 타인을 보는 것이 아니라 그 속에서 나를 이해하는 순간부터 달라진다.

타인의 선택이 나를 흔드는 이유는 우리가 약해서가 아니라 인간이 원래 관계 속에서 판단하도록 만들어진 존재이기 때문이다. 우리는 혼자 선택하는 존재가 아니라 서로의 선택 속에서 방향을 잡는 존재다. 그래서 중요한 것은 타인의 영향을 없애는 것이 아니라 그 영향이 내 선택을 어떻게 바꾸고 있는지를 이해하는 것이다.

04

기준이 없을 때 선택이 무너지는 이유

사람들은 선택을 할 때 정보가 부족해서 흔들린다고 생각한다. 그래서 더 많은 정보를 모으고 더 다양한 의견을 듣는 것이 더 좋은 선택으로 이어진다고 믿는다. 하지만 실제로 선택이 무너지는 순간을 자세히 들여다보면, 문제는 정보의 부족이 아니라 기준의 부재인 경우가 많다. 무엇을 중요하게 여기는지, 어떤 방향을 선택할 것인지에 대한 기준이 없는 상태에서는 아무리 많은 정보를 가져와도 선택은 점점 더 흔들리게 된다. 오히려 정보가 많아질수록 혼란은 커지고, 선택은 더 어려워진다. 이 지점에서 질문이 생긴다. 우리는 왜 기준이 없을 때 더 많은 정보를 가져오면서도 더 불안해지는 걸까.

기준이 없으면 모든 선택이 비슷하게 느껴진다
기준이 없는 상태에서는 어떤 선택도 특별하게 보이지 않는다. 모든 선택이 비슷한 무게를 가지게 되고 그 결과 우리는 쉽게 결정을 내리지 못하게 된다. 무엇이 더 중요한지에 대한 판단이 없기 때문에 각각의 선택이 서로를 대체할 수 있는 것처럼 보이기 때문이다. 철학적으로 보면 인간은 기준을 통해 세계를 구분하고 의미를 부여하는 존재이며 그 기준이 사라지면 모든 것은 동일하게 흐릿해진다. 예를 들어 여러 가지 선택지가 있을 때 무엇을 기준으로 판단해야 할지 모르면 우리는 계속 비교만 하다가 결론을 내리지 못하게 된다. 결국 선택이 어려운 이유는 선택지가 많아서가 아니라 기준이 없어서일지도 모른다. 기준은 선택을 제한하는 것이 아니라 선택을 가능하게 만드는 역할을 한다.

정보는 방향이 없을 때 오히려 혼란을 만든다

우리는 정보를 많이 알수록 더 좋은 선택을 할 수 있다고 믿지만 방향이 없는 상태에서는 정보가 오히려 혼란을 키운다. 같은 정보도 어떤 기준으로 보느냐에 따라 전혀 다른 의미를 가지게 되는데 기준이 없으면 그 의미를 정리할 수 없기 때문이다. 심리학적으로 보면 인간은 정보를 해석할 틀을 가지고 있어야 그것을 이해할 수 있으며 그 틀이 없으면 정보는 단순한 데이터로 남게 된다. 그래서 우리는 정보를 많이 볼수록 더 확신하는 것이 아니라 더 고민하게 된다. 철학적으로 보면 인간은 사실을 축적하는 존재가 아니라 의미를 구성하는 존재이며 그 의미는 기준을 통해 만들어진다. 결국 정보는 기준이 있을 때만 선택을 돕고 기준이 없을 때는 선택을 방해한다.

기준이 없으면 타인의 선택이 기준이 된다

자신만의 기준이 없는 상태에서는 우리는 자연스럽게 다른 사람의 선택을 참고하게 된다. 그리고 그 참고는 점점 의존으로 바뀌며 결국 타인의 기준이 나의 기준처럼 작동하게 된다. 심리학적으로 보면 인간은 불확실한 상황에서 사회적 기준을 통해 판단을 보완하려는 경향이 있다. 그래서 우리는 "다른 사람들은 어떻게 했을까"를 먼저 떠올리게 된다. 철학적으로 보면 인간은 독립적인 존재이면서 동시에 관계 속에서 판단하는 존재이며 그 관계는 기준이 없는 순간 더욱 강하게 작동한다. 결국 우리는 스스로 선택한다고 느끼지만 실제로는 타인의 선택을 따라가고 있는 경우가 많다. 기준이 없으면 선택은 외부로부터 결정되기 시작한다.

기준이 없을수록 감정이 더 크게 작동한다

기준이 명확할 때는 감정이 선택을 크게 흔들지 못하지만 기준이 없는 상태에서는 감정이 선택의 중심이 된다. 어떤 순간에는 기분이 좋아서 선택하고, 어떤 순간에는 불안해서 선택을 미루게 된다. 심리학적으로 보면 인간은 판단의 기준이 약할수록 감정에 더 의존하는 경향이 있다. 그래서 기준이 없을수록 선택은 일관성을 잃고 상황에 따라 계속 바뀌게 된다. 철학적으로 보면 인간은 이성과 감정 사이에서 균형을 이루는 존재이며 그 균형은 기준이 있을 때 유지된다. 기준이 사라지면 감정은 자연스럽게 더 큰 힘을 가지게 된다. 결국 선택은 논리가 아니라 순간의 감정에 의해 결정되기 시작한다.

우리는 선택을 미루면서 기준을 만들지 않는다

흥미로운 점은 사람들이 선택이 어려울수록 결정을 미루는 경향이 있다는 것이다. 그리고 그 과정에서 기준을 만드는 것이 아니라 오히려 더 많은 정보를 찾거나 더 많은 의견을 듣는 쪽으로 움직인다. 심리학적으로 보면 인간은 불확실성을 피하기 위해 결정을 지연시키는 경향이 있지만 그 지연은 기준을 더 명확하게 만들기보다 오히려 더 흐릿하게 만든다. 철학적으로 보면 인간은 결정을 통해 자신을 정의하는 존재이며 그 결정을 미루는 순간 기준도 함께 미뤄진다. 그래서 우리는 선택을 준비하고 있다고 느끼지만 실제로는 선택을 더 어렵게 만들고 있는 경우가 많다. 결국 기준은 기다린다고 생기는 것이 아니라 선택을 통해 만들어진다.

기준을 세우는 순간 선택은 단순해진다

이쯤에서 우리는 한 가지를 생각해볼 필요가 있다. 나는 지금 무엇을 기준으로 선택하고 있는가, 이 질문을 던지는 순간 복잡했던 선택은 조금씩 단순해지기 시작한다. 중요한 것은 모든 정보를 다 아는 것이 아니라 무엇을 중요하게 볼 것인지 정하는 것이다. 기준이 생기는 순간 우리는 불필요한 선택지를 자연스럽게 줄일 수 있게 된다. 철학적으로 보면 인간은 선택을 통해 자신을 정의하는 존재이며 그 선택은 기준을 통해 명확해진다. 기준은 선택을 제한하는 것이 아니라 선택을 가능하게 만드는 도구다. 결국 선택은 정보를 모으는 과정이 아니라 기준을 세우는 과정에서 완성된다.

기준이 없을 때 선택이 무너지는 이유는 우리가 부족해서가 아니라 인간이 원래 기준을 통해 세상을 이해하도록 만들어진 존재이기 때문이다. 우리는 정보를 통해 선택을 만드는 것이 아니라 기준을 통해 정보를 정리하며 선택을 완성한다. 그래서 중요한 것은 더 많은 정보를 찾는 것이 아니라, 내가 무엇을 기준으로 선택하고 있는지를 이해하는 것이다.

05

우리는 무엇을 믿고 결정할까

사람들은 선택을 할 때 사실과 근거를 바탕으로 판단한다고 믿는다. 그래서 더 정확한 정보와 더 신뢰할 수 있는 데이터를 찾으려고 한다. 하지만 실제 선택의 순간을 자세히 들여다보면 우리는 단순히 사실을 기준으로 결정하지 않는다. 같은 사실을 두고도 누구는 확신하고 누구는 의심한다. 같은 근거를 보고도 누군가는 믿고 누군가는 받아들이지 않는다. 결국 선택은 정보의 문제가 아니라 "무엇을 믿느냐"의 문제로 이어진다. 이 지점에서 질문이 생긴다. 우리는 무엇을 기준으로 믿음을 만들고, 그 믿음은 어떻게 선택을 결정하게 되는 걸까.

우리는 사실보다 신뢰를 먼저 선택한다

사람은 정보를 접할 때 그 정보 자체보다 그것을 누가 말했는지를 먼저 판단하는 경우가 많다. 같은 내용이라도 신뢰하는 사람이 말하면 더 쉽게 받아들이고 그렇지 않은 경우에는 의심부터 하게 된다. 심리학적으로 보면 인간은 모든 정보를 객관적으로 검증하기보다 신뢰할 수 있는 대상을 기준으로 판단하려는 경향이 있다. 그래서 우리는 사실을 검토하기 전에 이미 믿을지 말지를 결정하는 경우가 많다. 철학적으로 보면 인간은 진실을 직접 확인하는 존재라기보다 신뢰를 통해 세계를 이해하는 존재이며 그 신뢰가 선택의 방향을 만든다. 결국 우리는 무엇이 맞는지를 판단하기 전에 누구를 믿을지를 먼저 선택하고 있다. 믿음은 정보보다 앞서 작동한다.

경험은 믿음을 만들고 믿음은 현실을 바꾼다

사람은 자신의 경험을 통해 어떤 것이 맞는지에 대한 기준을 만들어간다. 그리고 그 경험은 하나의 믿음으로 굳어지며 이후의 선택에 지속적으로 영향을 준다. 예를 들어 과거에 어떤 선택으로 좋은 결과를 얻은 사람은 비슷한 상황에서 그 선택을 더 쉽게 믿게 된다. 반대로 나쁜 경험을 한 경우에는 같은 상황에서도 다른 방향을 선택하게 된다. 심리학적으로 보면 인간은 반복된 경험을 통해 자신만의 해석 구조를 만들며 그 구조가 믿음으로 자리 잡는다. 철학적으로 보면 인간은 현실을 경험하는 동시에 그 현실을 해석하는 존재이며 그 해석이 믿음이 된다. 결국 우리는 현실을 보고 믿는 것이 아니라 믿음을 통해 현실을 다시 바라본다.

우리는 일관된 믿음을 유지하려 한다

한 번 만들어진 믿음은 쉽게 바뀌지 않는다. 사람은 자신의 생각이 일관되게 유지되기를 원하기 때문에 새로운 정보가 들어와도 기존의 믿음을 유지하려는 방향으로 해석한다. 심리학에서는 이를 인지 부조화와 연결지어 설명하며 인간은 자신의 믿음과 충돌하는 정보를 불편하게 느끼는 경향이 있다고 본다. 그래서 우리는 자신의 믿음과 맞지 않는 사실을 무시하거나 축소하고 맞는 정보는 더 크게 받아들이게 된다. 철학적으로 보면 인간은 진실보다 자신의 세계를 유지하려는 존재이며 그 세계는 믿음을 통해 유지된다. 결국 선택은 새로운 정보를 받아들이는 과정이 아니라 기존의 믿음을 유지하는 과정일 수도 있다.

감정은 믿음을 더 빠르고 강하게 만든다

믿음은 단순한 생각이 아니라 감정과 결합될 때 더 강력해진다. 어떤 경험이 감정적으로 강하게 남을수록 그 경험은 더 확고한 믿음으로 이어진다. 그래서 우리는 논리적으로 설명할 수 없는 확신을 가지기도 한다. 심리학적으로 보면 감정은 기억을 강화하고 그 기억은 판단에 영향을 주는 중요한 요소가 된다. 철학적으로 보면 인간은 이성만으로 판단하는 존재가 아니라 감정과 함께 세계를 이해하는 존재이며 그 감정은 믿음을 강화한다. 그래서 우리는 이유를 설명하기 전에 이미 믿고 있는 경우가 많다. 결국 믿음은 논리보다 감정에 더 가까운 구조로 형성된다.

믿음이 선택을 만든다

많은 사람들은 선택을 하기 위해 정보를 모으고 그 정보를 바탕으로 믿음을 만든다고 생각한다. 하지만 실제로는 이미 형성된 믿음이 선택을 먼저 이끌고 그 선택을 정당화하기 위해 정보를 찾아가는 경우가 많다. 심리학적으로 보면 인간은 결정을 내린 뒤 그 결정을 지지하는 근거를 찾아내는 경향이 있다. 그래서 우리는 선택을 한 뒤에야 "그래서 이게 맞다"는 이유를 만들어낸다. 철학적으로 보면 인간은 진실을 발견하는 존재라기보다 의미를 구성하는 존재이며 그 의미는 믿음을 중심으로 만들어진다. 결국 선택은 정보의 결과가 아니라 믿음의 결과일지도 모른다.

믿음을 인식하는 순간 선택은 다시 열리기 시작한다

이쯤에서 우리는 한 가지를 생각해볼 수 있다. 나는 지금 무엇을 믿고 있는가 그리고 그 믿음은 어디에서 만들어진 것일까, 이 질문을 던지는 순간 선택의 장면은 조금 다르게 보이기 시작한다. 중요한 것은 더 많은 정보를 찾는 것이 아니라 내가 어떤 믿음을 기준으로 판단하고 있는지를 이해하는 것이다. 같은 상황에서도 다른 선택이 나오는 이유는 정보의 차이가 아니라 믿음의 차이일 수 있기 때문이다. 철학적으로 보면 인간은 인식하는 순간 자유를 가지는 존재이며 그 인식은 선택의 방향을 바꿀 수 있는 힘이 된다. 믿음은 사라지지 않지만 인식되는 순간 절대적인 것이 아니라 하나의 관점으로 보이기 시작한다. 결국 선택은 무엇을 아느냐가 아니라 무엇을 믿느냐를 이해하는 순간부터 달라진다.

우리는 무엇을 믿고 결정할까라는 질문의 답은 생각보다 단순하다. 우리는 사실을 보고 결정하는 존재가 아니라, 믿음을 통해 사실을 해석하고 그 해석을 바탕으로 선택하는 존재다. 그래서 중요한 것은 더 정확한 정보를 찾는 것이 아니라, 내가 무엇을 믿고 있는지를 이해하는 것이다.

허버트 사이먼
우리는 어떤 기준으로 판단하는가

사람들은 선택을 할 때 가능한 한 최고의 답을 찾으려고 한다. 그래서 더 많은 정보를 모으고, 더 많은 경우를 비교하며, 가장 완벽한 선택을 하려고 노력한다. 하지만 현실에서 우리는 그렇게까지 완벽하게 판단하지 않는다. 오히려 어느 순간 "이 정도면 괜찮다"라고 느끼는 지점에서 선택을 멈춘다. 바로 이 지점을 설명한 사람이 허버트 사이먼이다. 그는 인간이 완벽한 선택을 하는 존재가 아니라 "충분히 괜찮은 선택"을 하는 존재라고 말했다.

사이먼은 인간의 판단이 제한된 합리성 위에서 이루어진다고 설명한다. 우리는 모든 정보를 알 수 없고, 모든 가능성을 비교할 수도 없으며, 모든 결과를 예측할 수도 없다. 그래서 인간은 현실적으로 가능한 범위 안에서 선택을 한다. 즉, 최선이 아니라 "만족할 수 있는 수준"에서 결정을 내린다. 그는 이를 "만족화(satisficing)"라고 불렀다. 이 개념은 단순하지만 우리의 선택 방식을 아주 정확하게 보여준다.

생각해보면 우리는 이미 이 방식을 자연스럽게 사용하고 있다. 식당을 고를 때 모든 식당을 비교하지 않는다. 어느 정도 괜찮아 보이는 곳이 나오면 그 순간 선택을 멈춘다. 물건을 살 때도 마찬가지다. 완벽한 제품을 찾기보다 "이 정도면 충분히 괜찮다"라는 기준에 도달하면 결정을 내린다. 우리는 최적의 답을 찾는 것이 아니라, 멈출 수 있는 기준을 찾고 있는 셈이다.

사실 우리는 선택을 잘하는 사람이 아니라, 멈추는 타이밍을 잘 찾는 사람에 가깝다. 같은 정보 속에서도 누군가는 끝없이 비교를 이어가고, 누군가는 적절한 순간에 결정을 내린다. 이 차이는 능력의 차이라기보다 기준의 차이에서 나온다. 어디까지 보면 충분한지, 언제 멈출 것인지를 알고 있는 사람일수록 선택은 빠르고 분명해진다.

여기서 중요한 건 "기준"이다. 언제 선택을 멈출 것인가를 결정하는 기준이 있어야 우리는 선택을 할 수 있다. 기준이 없으면 우리는 계속 비교하고, 계속 고민하고, 결국 선택을 미루게 된다. 반대로 기준이 명확하면 정보가 완벽하지 않아도 우리는 결정을 내릴 수 있다. 그래서 선택의 핵심은 정보를 얼마나 많이 아느냐가 아니라, 언제 멈출지를 아는 데 있다.

사이먼의 이야기가 흥미로운 이유는 우리의 불안과도 연결되기 때문이다. 우리는 종종 "더 좋은 선택이 있었을지도 모른다"는 생각에 흔들린다. 하지만 그의 관점에서 보면 그건 자연스러운 일이다. 애초에 우리는 모든 것을 알고 선택하는 존재가 아니기 때문이다. 중요한 것은 완벽한 선택이 아니라, 그 순간의 기준 안에서 충분히 괜찮은 선택을 했는지다.

이 관점을 받아들이는 순간 선택은 훨씬 가벼워진다. 우리는 더 이상 모든 가능성을 다 검토하려 애쓰지 않아도 된다. 대신 나에게 중요한 기준이 무엇인지, 어디에서 선택을 멈출지를 생각하면 된다. 선택은 답을 찾는 과정이 아니라 기준을 정하는 과정이기 때문이다.

결국 우리는 어떤 기준으로 판단하는가라는 질문의 답은 이렇게 정리할 수 있다. 우리는 완벽함을 기준으로 선택하는 존재가 아니라, "이 정도면 충분하다"는 기준을 통해 선택하는 존재다. 그리고 그 기준을 어떻게 세우느냐에 따라 우리의 선택과 결과는 완전히 달라지기 시작한다.

PART 5

선택은 어떻게
결과가 될까

01

작은 선택이 쌓이는 방식

사람들은 결과를 볼 때 한 번의 선택을 떠올린다. 그래서 어떤 성공이나 실패를 설명할 때 "그때 그 선택이 중요했다"라고 말하곤 한다. 하지만 조금 더 자세히 들여다보면 결과는 단 한 번의 선택으로 만들어지지 않는다. 오히려 아주 작고 사소해 보였던 선택들이 반복되면서 방향을 만들고, 그 방향이 쌓여 결과로 드러난다. 우리는 큰 결정을 중요하게 생각하지만, 실제로 삶을 바꾸는 것은 눈에 잘 보이지 않는 작은 선택들일지도 모른다. 이 지점에서 질문이 생긴다. 왜 우리는 작은 선택을 가볍게 여기면서도, 그 선택들이 결국 큰 결과를 만들어내는 걸까.

작은 선택은 눈에 보이지 않지만 방향을 만든다
우리는 큰 선택만이 중요하다고 생각하고 작은 선택은 별 의미 없다고 느낀다. 하지만 실제로는 작은 선택들이 모여 하나의 방향을 만들고 그 방향이 결과를 결정짓는다. 예를 들어 하루의 사소한 선택들이 반복되면 그것은 하나의 생활 방식이 되고 그 생활 방식이 시간이 지나면서 전혀 다른 결과를 만들어낸다. 철학적으로 보면 인간의 삶은 하나의 사건이 아니라 지속적인 흐름이며 그 흐름은 아주 작은 선택에서 시작된다. 그래서 우리는 중요한 결정을 바꾸려 하면서도 일상의 선택을 그대로 두기 때문에 결과가 바뀌지 않는다. 결국 결과는 눈에 보이는 큰 선택이 아니라 눈에 보이지 않는 작은 선택의 방향에서 만들어진다. 방향은 작지만 그 영향은 시간이 지날수록 커진다. 우리는 선택의 크기가 아니라 반복의 방향을 보고 있다.

반복은 크기를 키우지 않고 깊이를 만든다

작은 선택은 그 자체로는 큰 변화처럼 보이지 않는다. 하지만 그 선택이 반복되는 순간 그것은 점점 더 깊은 영향을 만들기 시작한다. 심리학적으로 보면 반복된 행동은 점점 더 자동화되고 그 행동은 우리의 기본적인 반응으로 자리 잡는다. 그래서 작은 선택은 크기가 커지는 것이 아니라 우리의 삶 속으로 더 깊이 들어오게 된다. 철학적으로 보면 변화는 갑자기 나타나는 것이 아니라 서서히 스며드는 과정이며 그 스며듦이 반복을 통해 이루어진다. 예를 들어 하루의 작은 습관이 몇 달 뒤에는 완전히 다른 상태를 만들어내는 이유는 그 반복이 방향을 유지하고 있기 때문이다. 결국 반복은 눈에 띄지 않지만 가장 확실하게 결과를 바꾸는 방식이다. 우리는 변화의 크기를 기대하지만 실제로는 깊이가 결과를 만든다.

시간은 작은 선택을 증폭시키는 장치다

선택은 언제나 지금 이 순간에 이루어지지만 그 선택의 영향은 시간이 지나면서 점점 커진다. 그래서 우리는 지금의 선택을 가볍게 여기지만 나중의 결과를 보며 놀라게 된다. 심리학적으로 보면 인간은 현재의 선택을 과소평가하고 미래의 결과를 과대평가하는 경향이 있다. 철학적으로 보면 시간은 단순히 흐르는 것이 아니라 선택을 증폭시키는 역할을 한다. 같은 선택이라도 하루 동안 반복되면 작은 변화지만 오랜 시간 동안 이어지면 완전히 다른 결과로 이어진다. 그래서 시간은 선택을 그대로 유지하지 않고 점점 더 크게 만든다. 결국 선택과 결과 사이에는 시간이라는 증폭 장치가 존재한다. 우리는 선택의 순간보다 시간의 흐름 속에서 결과를 이해해야 한다.

결과는 어느 날 갑자기 나타나는 것처럼 보인다

많은 사람들은 어느 순간 갑자기 결과가 나타난다고 느낀다. 하지만 실제로는 그 결과가 이미 오랜 시간 동안 만들어지고 있었던 경우가 대부분이다. 작은 선택들이 쌓이고 쌓여 어느 지점에서 눈에 보이기 시작하는 것이다. 심리학적으로 보면 인간은 눈에 보이는 변화에만 주목하기 때문에 그 이전의 축적 과정을 잘 인식하지 못한다. 철학적으로 보면 결과는 새로운 것이 아니라 드러나는 것이며 그 드러남은 시간의 축적이 만들어낸 순간이다. 그래서 우리는 결과를 보고 놀라지만 사실 그 결과는 충분히 예측 가능한 흐름 속에서 만들어지고 있었다. 결국 결과는 시작이 아니라 축적의 끝에서 나타나는 장면일 뿐이다. 우리는 결과를 갑작스럽게 느끼지만 그 안에는 긴 시간이 담겨 있다.

작은 선택은 가볍게 여겨지기 때문에 더 쉽게 반복된다

우리는 큰 선택에는 신중하지만 작은 선택에는 거의 신경을 쓰지 않는다. 그래서 작은 선택은 쉽게 반복되고 그 반복은 점점 더 자연스러운 것이 된다. 심리학적으로 보면 의식하지 않는 행동일수록 더 자동적으로 반복되며 그 반복은 쉽게 멈추지 않는다. 철학적으로 보면 인간은 의식적인 판단보다 무의식적인 흐름에 더 많이 영향을 받는 존재다. 그래서 우리는 중요한 결정을 바꾸려고 노력하면서도 일상의 작은 선택은 그대로 유지하는 경우가 많다. 결국 결과가 바뀌지 않는 이유는 큰 선택이 아니라 작은 선택이 계속 이어지고 있기 때문이다. 작은 선택은 가볍지만 그 반복은 결코 가볍지 않다. 우리는 쉽게 반복하는 것들이 결국 가장 크게 영향을 미친다는 사실을 자주 놓친다.

작은 선택을 바라보는 순간 결과의 구조가 보이기 시작한다

이쯤에서 우리는 한 가지를 생각해볼 필요가 있다. 지금 내가 반복하고 있는 작은 선택은 어떤 방향으로 이어지고 있는가, 이 질문을 던지는 순간 우리는 결과가 만들어지는 과정을 조금씩 이해하게 된다. 중요한 것은 큰 변화를 만들려고 애쓰는 것이 아니라 이미 반복되고 있는 작은 선택을 인식하는 것이다. 같은 선택이 계속 이어지고 있다면 그 안에는 이미 결과로 이어지는 흐름이 존재한다. 철학적으로 보면 인간은 인식하는 순간 변화할 수 있는 존재이며 그 인식은 선택을 바꾸는 출발점이 된다. 작은 선택은 사라지지 않지만 그 의미는 인식되는 순간 달라질 수 있다. 결국 결과는 미래에 만들어지는 것이 아니라 지금의 반복 속에서 이미 시작되고 있다. 우리는 선택을 통해 결과를 기다리는 것이 아니라 결과를 만들어가고 있다.

작은 선택이 쌓이는 방식은 단순하지만 강력하다. 우리는 매 순간 사소한 선택을 하고 그 선택이 반복되며 방향을 만들고 그 방향이 시간이 지나 결과로 드러난다. 그래서 중요한 것은 큰 결정을 기다리는 것이 아니라 지금의 작은 선택을 이해하는 것이다.

02

지금의 선택이 나중에 보이는 이유

사람들은 선택을 할 때 그 결과가 바로 나타나기를 기대한다. 그래서 어떤 결정을 내리고 나면 그 선택이 맞았는지 틀렸는지를 빠르게 확인하고 싶어 한다. 하지만 현실에서는 대부분의 선택이 즉각적인 결과로 이어지지 않는다. 오히려 중요한 선택일수록 그 영향은 보이지 않는 시간 속에서 천천히 쌓이다가 어느 순간 드러난다. 그래서 우리는 선택의 순간에는 그 중요성을 잘 느끼지 못하고, 시간이 지난 뒤에야 "그때의 선택이 이렇게 이어졌구나"라고 이해하게 된다. 이 지점에서 질문이 생긴다. 왜 우리는 지금의 선택이 아니라 나중에야 그 의미를 보게 되는 걸까.

결과는 선택과 동시에 만들어지지 않는다

우리는 선택을 하면 결과가 바로 따라올 것이라고 생각하지만 실제로는 선택과 결과 사이에는 보이지 않는 시간이 존재한다. 그 시간 동안 선택은 조용히 영향을 쌓아가며 변화의 방향을 만들어낸다. 철학적으로 보면 인간은 현재의 순간에 머물러 있지만 결과는 시간 속에서 형성되는 존재이기 때문에 두 사이에는 항상 간극이 존재한다. 그래서 우리는 선택을 할 때는 그 영향력을 체감하지 못하고 결과가 나타났을 때 비로소 그 선택을 이해하게 된다. 예를 들어 어떤 선택이 당장은 아무 변화도 만들지 않는 것처럼 보이지만 시간이 지나면서 전혀 다른 결과로 이어지는 경험은 매우 흔하다. 결국 선택은 순간에 이루어지지만 결과는 시간 속에서 완성된다. 우리는 선택과 결과를 동시에 보지 못하는 존재다.

시간은 선택을 숨기고 동시에 드러낸다

시간은 선택의 결과를 바로 보여주지 않기 때문에 우리는 그 선택의 의미를 쉽게 잊어버린다. 하지만 시간이 충분히 흐르면 그 선택은 다시 모습을 드러내기 시작한다. 심리학적으로 보면 인간은 즉각적인 보상이나 변화에 더 민감하게 반응하기 때문에 시간이 필요한 변화는 쉽게 인식하지 못한다. 철학적으로 보면 시간은 모든 선택을 지연시키는 동시에 증명하는 역할을 한다. 그래서 우리는 선택의 순간에는 아무 일도 일어나지 않은 것처럼 느끼지만 시간이 지나면서 그 선택이 어떤 방향을 만들었는지를 확인하게 된다. 결국 시간은 선택을 가리는 장막이면서 동시에 결과를 드러내는 무대다. 우리는 시간을 통해서만 선택의 의미를 완전히 이해할 수 있다.

우리는 현재를 기준으로 선택을 평가한다

사람은 지금 느끼는 상태를 기준으로 선택을 평가하는 경향이 있다. 그래서 당장의 변화가 없으면 그 선택을 중요하게 여기지 않거나 잘못된 선택이라고 판단하기도 한다. 하지만 많은 선택은 현재의 기준으로 평가할 수 없는 경우가 많다. 심리학적으로 보면 인간은 즉각적인 만족과 결과를 더 크게 느끼는 경향이 있기 때문에 장기적인 변화는 과소평가한다. 철학적으로 보면 인간은 현재에 머무르는 존재이지만 결과는 미래에서 완성되기 때문에 두 시점 사이에는 항상 오해가 발생한다. 그래서 우리는 지금의 선택을 가볍게 여기면서도 나중의 결과를 보며 놀라게 된다. 결국 선택의 가치는 현재가 아니라 시간 속에서 결정된다.

작은 변화는 보이지 않다가 어느 순간 드러난다

많은 선택은 처음에는 거의 변화가 없는 것처럼 보인다. 하지만 그 선택이 반복되면서 작은 변화가 쌓이고 어느 순간 눈에 보이는 결과로 나타난다. 심리학적으로 보면 인간은 점진적인 변화보다 급격한 변화에 더 주목하는 경향이 있기 때문에 작은 변화의 축적을 잘 인식하지 못한다. 철학적으로 보면 변화는 갑작스럽게 일어나는 것이 아니라 오랜 시간의 축적이 드러나는 순간이다. 그래서 우리는 결과를 보고 "갑자기 변했다"고 느끼지만 사실 그 변화는 이미 오래전부터 진행되고 있었다. 결국 선택은 보이지 않는 상태에서 계속 작용하고 있으며 그 결과는 어느 순간 한꺼번에 나타나는 것처럼 보인다.

우리는 변화의 과정이 아니라 드러난 순간을 보고 있다.

우리는 결과를 먼저 보고 원인을 만든다

결과가 나타난 뒤 우리는 그 원인을 찾기 시작한다. 그리고 그 과정에서 과거의 선택을 떠올리며 "그래서 이렇게 된 거였구나"라고 이해하게 된다. 심리학적으로 보면 인간은 사건이 발생한 뒤 그 원인을 이야기로 정리하려는 경향이 있으며 이를 통해 세상을 이해하려 한다. 철학적으로 보면 인간은 원인을 먼저 알고 결과를 경험하는 존재가 아니라 결과를 경험한 뒤 원인을 구성하는 존재다. 그래서 우리는 선택의 순간에는 그 의미를 알지 못하고 결과를 본 뒤에야 그 선택을 다시 해석하게 된다. 결국 선택은 과거에 있었지만 그 의미는 미래에서 완성된다. 우리는 시간을 거꾸로 이해하는 존재일지도 모른다.

지금의 선택을 인식하는 순간 시간의 흐름이 보이기 시작한다

이쯤에서 우리는 한 가지를 생각해볼 수 있다. 지금 내가 하고 있는 선택은 어떤 시간 속으로 이어지고 있는가, 이 질문을 던지는 순간 우리는 선택을 단순한 행동이 아니라 하나의 흐름으로 바라보게 된다. 중요한 것은 지금 당장의 결과를 확인하는 것이 아니라 이 선택이 어떤 방향을 만들고 있는지를 이해하는 것이다. 같은 선택이 반복되고 있다면 그 안에는 이미 미래의 결과가 포함되어 있을 가능성이 크다. 철학적으로 보면 인간은 인식하는 순간 시간의 흐름을 이해하는 존재이며 그 이해는 선택을 바꾸는 출발점이 된다. 선택은 지금 이루어지지만 그 의미는 나중에 드러난다. 결국 우리는 선택을 하고 있는 것이 아니라 시간을 만들어가고 있다.

지금의 선택이 나중에 보이는 이유는 선택이 늦게 작용해서가 아니라 우리가 그 결과를 늦게 인식하기 때문이다. 인간은 현재를 기준으로 판단하는 존재이지만 결과는 시간 속에서 완성된다. 그래서 중요한 것은 지금의 선택이 어떤 방향으로 이어지고 있는지를 이해하는 것이다.

03

결과를 운으로 착각하는 순간

    사람들은 결과를 설명할 때 종종 이렇게 말한다. "운이 좋았어." 혹은 "운이 나빴어." 그래서 어떤 결과가 나타나면 그 원인을 운으로 정리해버리고, 그 안에 있었던 선택과 흐름을 놓쳐버린다. 물론 운이라는 요소는 분명 존재한다. 하지만 우리가 운이라고 부르는 많은 장면들 속에는 이미 선택이 만들어낸 구조가 숨어 있는 경우가 많다. 우리는 결과를 단순하게 이해하기 위해 운이라는 말을 사용하지만, 그 말은 때로 결과를 만들어낸 과정 자체를 가려버리기도 한다. 이지점에서 질문이 생긴다. 우리는 왜 결과를 운으로 설명하게 되는 걸까, 그리고 그 순간 우리는 무엇을 놓치고 있는 걸까.

우리는 보이지 않는 과정보다 드러난 결과를 먼저 본다
    사람은 결과를 보는 순간 그 결과를 만든 과정보다 눈앞에 드러난 장면에 더 집중하게 된다. 그래서 어떤 성공이나 실패를 마주했을 때 그 안에 있었던 반복과 선택의 흐름을 놓치고 단순한 이유로 설명하려 한다. 심리학적으로 보면 인간은 복잡한 과정보다 단순한 설명을 선호하는 경향이 있기 때문에 결과를 빠르게 이해할 수 있는 방식으로 정리하려 한다. 철학적으로 보면 인간은 세계를 단순화하여 이해하려는 존재이며 그 과정에서 많은 과정이 생략된다. 예를 들어 오랜 시간의 준비와 반복 끝에 나온 결과도 우리는 한 순간의 운으로 표현해버리기도 한다. 결국 우리는 결과를 보고 있지만 그 결과를 만든 흐름은 보지 못하고 있는 경우가 많다. 그래서 운이라는 말은 이해를 돕는 동시에 이해를 막는 역할을 한다.

우리는 통제할 수 없는 것을 운이라고 부른다

사람은 자신의 통제 범위를 벗어난 요소를 마주할 때 그것을 운으로 설명하는 경향이 있다. 어떤 결과가 자신의 예상과 다르게 나타났을 때 그 이유를 명확하게 설명하기 어렵다면 우리는 자연스럽게 운이라는 개념을 가져온다. 심리학적으로 보면 인간은 불확실성을 줄이기 위해 설명 가능한 구조를 만들려는 경향이 있으며 운이라는 개념은 그 불확실성을 받아들이는 하나의 방식이다. 철학적으로 보면 인간은 완전히 이해할 수 없는 세계를 받아들이기 위해 상징적인 개념을 만들어내는 존재이며 운도 그중 하나다. 그래서 우리는 설명하기 어려운 결과를 운으로 정리하며 그 안에서 안정을 찾는다. 하지만 그 과정에서 선택이 만들어낸 부분까지 함께 운으로 묶어버리기도 한다. 결국 운은 설명의 도구이면서 동시에 해석의 한계이기도 하다.

성공은 운으로 축소되고 실패는 능력으로 해석된다

흥미로운 점은 같은 결과라도 상황에 따라 해석이 달라진다는 것이다. 성공했을 때는 겸손의 표현으로 운을 이야기하고 실패했을 때는 자신의 부족함으로 설명하는 경우가 많다. 반대로 어떤 경우에는 성공을 자신의 능력으로 확대하고 실패를 운으로 돌리기도 한다. 심리학적으로 보면 인간은 자신을 긍정적으로 유지하기 위해 결과를 유리한 방향으로 해석하려는 경향이 있다. 철학적으로 보면 인간은 객관적인 존재가 아니라 자신을 중심으로 세계를 해석하는 존재이며 그 해석은 상황에 따라 달라진다. 그래서 우리는 같은 결과를 두고도 서로 다른 기준으로 설명하게 된다. 결국 운이라는 개념은 단순한 사실이 아니라 해석의 방식에 따라 달라지는 개념일지도 모른다.

반복된 선택은 운처럼 보이기 시작한다

어떤 결과가 반복적으로 나타나면 그것은 점점 더 자연스러운 것으로 느껴진다. 그리고 그 반복이 충분히 길어지면 우리는 그것을 개인의 특징이나 운으로 받아들이게 된다. 심리학적으로 보면 인간은 반복된 패턴을 하나의 성향이나 특성으로 인식하는 경향이 있다. 그래서 꾸준한 선택의 결과도 "저 사람은 원래 운이 좋은 사람이야"라는 말로 설명되기도 한다. 철학적으로 보면 인간은 흐름을 인식하기보다 결과를 하나의 성질로 고정시키는 경향이 있다. 하지만 그 결과를 자세히 들여다보면 그 안에는 반복된 선택과 방향이 존재하는 경우가 많다. 결국 우리는 흐름을 보지 못할 때 그것을 운이라고 부르게 된다. 운처럼 보이는 많은 것들은 사실 반복의 결과일지도 모른다.

우리는 결과를 보고 원인을 단순하게 만든다

결과가 나타난 뒤 우리는 그 원인을 찾으려고 한다. 하지만 그 과정에서 복잡한 흐름을 하나의 이유로 단순화하는 경우가 많다. 심리학적으로 보면 인간은 이야기 형태로 사건을 이해하려는 경향이 있기 때문에 여러 요소가 얽힌 과정을 하나의 원인으로 정리하려 한다. 철학적으로 보면 인간은 의미를 구성하는 존재이며 그 의미는 종종 단순한 구조로 재구성된다. 그래서 우리는 "운이 좋았다"라는 말로 긴 과정을 하나로 묶어버린다. 하지만 그 말은 이해를 쉽게 만드는 대신 중요한 요소를 놓치게 만든다. 결국 결과를 단순하게 설명할수록 그 안에 있는 선택의 흐름은 더 보이지 않게 된다. 우리는 설명을 위해 본질을 줄여버리는 경우가 많다.

운을 의심하는 순간 선택의 흐름이 보이기 시작한다

이쯤에서 우리는 한 가지를 생각해볼 필요가 있다. 이 결과는 정말 운일까 아니면 내가 보지 못한 흐름이 있었던 걸까, 이 질문을 던지는 순간 우리는 결과를 조금 더 깊이 바라보게 된다. 중요한 것은 운을 부정하는 것이 아니라 그 안에 숨어 있는 선택의 구조를 발견하는 것이다. 같은 결과가 반복되고 있다면 그 안에는 분명한 방향과 패턴이 존재할 가능성이 크다. 철학적으로 보면 인간은 인식하는 순간 더 넓은 세계를 이해하는 존재이며 그 인식은 선택을 바꾸는 출발점이 된다. 운이라는 말 뒤에 숨겨진 흐름을 보게 되는 순간 우리는 같은 결과를 반복하지 않을 수 있는 가능성을 가지게 된다. 결국 결과는 우연처럼 보이지만 그 안에는 언제나 선택의 흔적이 남아 있다.

결과를 운으로 착각하는 순간 우리는 이해를 멈추게 된다. 인간은 복잡한 과정보다 단순한 설명을 선호하기 때문에 결과를 운으로 정리하려 한다. 하지만 그 순간 우리는 결과를 만들어낸 선택의 흐름을 놓치게 된다. 그래서 중요한 것은 운을 믿느냐가 아니라, 그 결과 속에 어떤 선택이 쌓여 있었는지를 이해하는 것이다.

04

시간이 지나야 드러나는 선택의 차이

    사람들은 선택의 차이를 바로 확인할 수 있을 것이라고 기대한다. 그래서 같은 출발선에서 시작하면 비슷한 결과로 이어질 것이라고 생각한다. 하지만 현실에서는 시간이 지나야만 드러나는 차이가 존재한다. 처음에는 거의 차이가 없어 보이던 선택들이 시간이 흐르면서 점점 간격을 벌리고, 어느 순간 전혀 다른 결과로 나타난다. 우리는 그 결과를 보고 놀라지만, 사실 그 차이는 이미 오래전부터 조용히 쌓이고 있었을지도 모른다. 이 지점에서 질문이 생긴다. 왜 선택의 차이는 바로 보이지 않고, 시간이 지나야만 분명해지는 걸까.

작은 차이는 처음에는 거의 보이지 않는다
    같은 상황에서 조금 다른 선택을 하더라도 처음에는 그 차이가 거의 느껴지지 않는다. 그래서 우리는 그 선택이 큰 영향을 만들지 않을 것이라고 쉽게 생각하게 된다. 하지만 그 작은 차이는 사라지는 것이 아니라 계속 이어지며 방향을 만들어낸다. 철학적으로 보면 인간은 순간의 차이를 인식하기보다 큰 변화에만 주목하는 존재이며 그 때문에 초기의 차이를 과소평가한다. 예를 들어 비슷한 선택을 반복하는 두 사람이 시간이 지나면서 완전히 다른 결과를 만드는 이유는 바로 이 미세한 차이 때문이다. 결국 선택의 차이는 처음에는 작지만 사라지지 않고 계속 축적된다. 우리는 눈에 보이지 않는 차이를 쉽게 무시하지만 그 차이는 이미 시작되고 있다.

시간은 차이를 확대시키는 가장 조용한 힘이다

선택 자체는 작지만 시간이 그 선택을 계속 이어주면서 영향은 점점 커진다. 그래서 같은 선택이라도 짧은 시간 안에서는 차이가 작지만 오랜 시간이 지나면 완전히 다른 결과로 나타난다. 심리학적으로 보면 인간은 장기적인 변화를 직관적으로 이해하기 어려워하기 때문에 시간의 역할을 과소평가한다. 철학적으로 보면 시간은 단순한 흐름이 아니라 선택을 증폭시키는 구조이며 그 구조 속에서 작은 차이는 점점 더 크게 드러난다. 결국 시간은 선택을 그대로 유지하지 않고 그 차이를 확대시킨다. 우리는 선택의 순간보다 시간의 흐름 속에서 결과를 이해해야 한다. 차이는 만들어지는 것이 아니라 확대된다.

우리는 중간 과정보다 결과의 순간에 집중한다

사람은 결과가 드러나는 순간에만 주목하는 경향이 있다. 그래서 그 이전의 과정을 충분히 인식하지 못하고 결과를 갑작스러운 변화로 받아들인다. 심리학적으로 보면 인간은 눈에 보이는 사건을 중심으로 기억을 구성하기 때문에 그 사이의 흐름을 놓치기 쉽다. 철학적으로 보면 인간은 연속적인 시간을 단절된 사건으로 인식하는 존재이며 그 때문에 변화의 과정을 이해하기 어렵다. 예를 들어 오랜 시간 동안 이어진 작은 선택들이 어느 순간 눈에 보이는 차이로 나타나면 우리는 그것을 갑작스럽게 느낀다. 하지만 그 결과는 이미 충분히 준비된 상태에서 드러난 것이다. 결국 우리는 변화의 과정이 아니라 드러난 순간을 보고 있다.

같은 출발은 같은 결과를 보장하지 않는다

많은 사람들은 같은 조건에서 시작하면 비슷한 결과로 이어질 것이라고 생각하지만 실제로는 그렇지 않다. 선택의 방향이 조금씩 달라지면 그 차이는 시간이 지나면서 점점 더 커진다. 심리학적으로 보면 인간은 초기 조건보다 반복된 행동과 방향에 더 큰 영향을 받는다. 철학적으로 보면 인간의 삶은 출발점이 아니라 지속적인 선택의 흐름으로 정의되며 그 흐름이 결과를 만든다. 그래서 같은 출발선에서 시작한 사람들도 시간이 지나면 완전히 다른 위치에 서게 된다. 결국 중요한 것은 어디에서 시작했는지가 아니라 어떤 방향으로 선택을 이어왔는지다. 결과는 출발이 아니라 방향에서 결정된다.

우리는 느린 변화를 쉽게 포기한다

선택의 차이가 바로 보이지 않으면 우리는 그 선택을 계속 유지하기 어려워한다. 변화가 느리게 나타날수록 그 선택의 의미를 의심하게 되고 결국 포기하는 경우가 많다. 심리학적으로 보면 인간은 즉각적인 보상을 더 선호하기 때문에 장기적인 변화를 유지하는 것이 어렵다. 철학적으로 보면 인간은 현재의 감각에 더 민감한 존재이며 미래의 결과를 충분히 고려하지 못하는 경우가 많다. 그래서 우리는 조금 더 나은 선택을 하면서도 그 결과가 보이지 않으면 쉽게 돌아서게 된다. 결국 선택의 차이가 드러나기 전에 포기하는 것이 더 큰 차이를 만든다. 우리는 결과를 기다리기보다 확인하려는 존재다.

차이를 이해하는 순간 선택은 달라지기 시작한다

이쯤에서 우리는 한 가지를 생각해볼 필요가 있다. 지금의 작은 선택이 시간이 지나면 어떤 차이를 만들게 될까, 이 질문을 던지는 순간 우리는 선택을 조금 더 길게 바라보게 된다. 중요한 것은 지금 당장의 변화가 아니라 이 선택이 어떤 방향으로 이어지고 있는지를 이해하는 것이다. 같은 선택이 반복되고 있다면 그 안에는 이미 미래의 결과가 포함되어 있을 가능성이 크다. 철학적으로 보면 인간은 인식하는 순간 시간의 흐름을 이해하는 존재이며 그 이해는 선택을 바꾸는 출발점이 된다. 작은 차이는 사라지지 않지만 인식되는 순간 더 의미 있게 보이기 시작한다. 결국 선택은 순간의 판단이 아니라 시간 속에서 이어지는 흐름이다.

시간이 지나야 드러나는 선택의 차이는 우리가 늦게 선택해서가 아니라, 선택의 결과가 시간 속에서 완성되기 때문이다. 인간은 현재를 기준으로 판단하지만 결과는 시간이 만들어낸다. 그래서 중요한 것은 지금의 선택이 어떤 방향으로 이어지고 있는지를 이해하는 것이다.

05

차이는 결국 반복에서 만들어진다

사람들은 결과의 차이를 볼 때 그 이유를 빠르게 설명하려 한다. 그래서 누군가는 재능 때문이라고 말하고, 또 누군가는 운의 차이라고 말한다. 하지만 시간을 조금 더 길게 두고 바라보면 그 차이는 한 번의 선택이 아니라 반복된 선택의 흐름에서 만들어진 경우가 많다. 아주 작은 선택이 반복되고, 그 반복이 하나의 방향을 만들고, 그 방향이 시간이 지나면서 결과의 간격을 벌리기 시작한다. 우리는 차이를 어느 순간에서 찾으려 하지만, 실제 차이는 그 이전부터 이미 조용히 쌓이고 있었다. 이 지점에서 질문이 생긴다. 왜 반복은 눈에 잘 보이지 않으면서도 결국 가장 큰 차이를 만들어내는 걸까.

반복은 작게 시작되지만 멈추지 않기 때문에 커진다

작은 선택은 그 자체로는 거의 영향이 없는 것처럼 보인다. 그래서 우리는 그 선택을 가볍게 여기고 쉽게 반복하게 된다. 하지만 그 반복이 멈추지 않는 순간 그 선택은 점점 더 큰 흐름으로 이어진다. 심리학적으로 보면 인간은 반복되는 행동에 점점 더 익숙해지며 그 행동을 유지하는 데 드는 에너지가 줄어든다. 그래서 반복은 점점 더 자연스럽고 지속적인 것이 된다. 철학적으로 보면 변화는 강한 힘에서 시작되는 것이 아니라 끊기지 않는 흐름에서 시작되며 그 흐름이 결과를 만든다. 결국 반복은 크기가 커지기보다 멈추지 않기 때문에 영향이 커진다. 우리는 작은 시작을 쉽게 보지만 멈추지 않는 힘은 잘 보지 못한다. 차이는 바로 그 멈추지 않는 반복에서 시작된다.

반복은 선택을 줄이고 방향을 고정시킨다

처음에는 여러 가능성 중 하나를 선택하지만 그 선택이 반복되면 다른 선택지는 점점 사라지기 시작한다. 그래서 우리는 점점 더 같은 선택을 하게 되고 그 선택은 하나의 방향으로 굳어진다. 심리학적으로 보면 반복된 행동은 점점 자동화되며 새로운 선택을 시도하는 빈도는 줄어든다. 철학적으로 보면 인간은 자유로운 선택을 하는 존재처럼 보이지만 실제로는 반복을 통해 스스로의 가능성을 제한하는 존재이기도 하다. 그래서 반복은 선택을 늘리는 것이 아니라 오히려 줄이는 방향으로 작용한다. 결국 우리는 선택을 하고 있는 것이 아니라 이미 정해진 방향을 따라가고 있을지도 모른다. 방향은 반복될수록 더 단단해지고 그만큼 바뀌기 어려워진다. 차이는 선택의 다양성이 아니라 반복의 방향에서 만들어진다.

작은 차이는 반복될수록 눈에 띄는 간격이 된다

처음에는 거의 차이가 없어 보였던 선택도 반복되면 점점 더 큰 간격을 만들어낸다. 그래서 같은 출발선에 있던 사람들이 시간이 지나면서 완전히 다른 위치에 서게 된다. 심리학적으로 보면 인간은 초기의 작은 차이를 과소평가하고 결과의 큰 차이를 과대평가하는 경향이 있다. 철학적으로 보면 변화는 순간이 아니라 누적의 결과이며 그 누적이 차이를 만든다. 예를 들어 아주 미세한 방향의 차이도 오랜 시간이 지나면 완전히 다른 결과로 이어지는 것은 자연스러운 흐름이다. 결국 차이는 갑자기 생기는 것이 아니라 반복 속에서 서서히 벌어진다. 우리는 결과의 간격을 보지만 그 간격을 만든 과정은 보지 못한다. 반복은 조용하지만 확실하게 차이를 만든다.

우리는 반복을 능력으로 착각하기 시작한다

어떤 사람이 꾸준히 같은 방향의 선택을 이어가면 그 결과는 점점 더 눈에 띄게 나타난다. 그리고 우리는 그 결과를 보며 그것을 능력이나 재능으로 해석하기 시작한다. 심리학적으로 보면 인간은 반복된 결과를 개인의 특성으로 일반화하는 경향이 있다. 철학적으로 보면 인간은 과정을 보지 못할 때 결과를 본질로 착각하는 존재다. 그래서 우리는 반복의 힘을 놓치고 그 결과만을 설명하려 한다. 결국 꾸준히 쌓인 선택의 결과도 "원래 그런 사람"이라는 말로 단순화된다. 하지만 그 안에는 반복된 선택과 방향이 존재한다. 우리는 결과를 보고 판단하지만 차이는 이미 그 이전에 만들어지고 있었다. 반복은 보이지 않지만 가장 정확하게 결과를 만든다.

반복은 의지가 아니라 구조로 유지된다

많은 사람들은 반복을 의지의 문제로 생각한다. 그래서 반복을 바꾸기 위해 더 강한 결심을 하거나 스스로를 압박하려 한다. 하지만 반복은 단순한 의지가 아니라 하나의 구조로 이루어져 있는 경우가 많다. 심리학적으로 보면 반복된 행동은 상황, 감정, 보상과 연결된 패턴으로 유지되며 그 구조가 쉽게 바뀌지 않는다. 철학적으로 보면 인간은 의지로 모든 것을 바꾸는 존재가 아니라 구조 속에서 움직이는 존재다. 그래서 반복을 바꾸기 어려운 이유는 의지가 약해서가 아니라 그 구조가 계속 유지되고 있기 때문이다. 결국 반복은 단순한 습관이 아니라 흐름이며 그 흐름은 쉽게 끊어지지 않는다. 우리는 의지를 강화하려 하지만 실제로는 구조를 이해해야 한다. 차이는 의지보다 구조에서 만들어진다.

반복을 인식하는 순간 차이는 다시 설계될 수 있다

이쯤에서 우리는 한 가지를 생각해볼 필요가 있다. 지금 내가 반복하고 있는 선택은 어떤 방향을 만들고 있는가, 이 질문을 던지는 순간 우리는 결과가 만들어지는 과정을 조금 더 선명하게 보게 된다. 중요한 것은 큰 변화를 시도하는 것이 아니라 이미 반복되고 있는 선택을 인식하는 것이다. 같은 행동이 계속 이어지고 있다면 그 안에는 이미 미래의 결과가 포함되어 있을 가능성이 크다. 철학적으로 보면 인간은 인식하는 순간 자신을 다시 설계할 수 있는 존재이며 그 인식은 선택을 바꾸는 출발점이 된다. 반복은 사라지지 않지만 그 방향은 바뀔 수 있다. 결국 차이는 고정된 것이 아니라 반복을 어떻게 이해하느냐에 따라 다시 만들어질 수 있는 흐름이다. 우리는 반복을 통해 결과를 만들고 동시에 그 반복을 통해 다시 다른 결과를 만들 수 있다.

차이는 결국 반복에서 만들어진다. 우리는 한 번의 선택으로 달라지는 것이 아니라, 반복되는 선택 속에서 조금씩 다른 방향으로 이동한다. 그래서 중요한 것은 특별한 순간이 아니라 지금 반복되고 있는 선택을 이해하는 것이다.

아리스토텔레스
반복된 선택은 어떻게 삶이 되는가

사람들은 종종 이렇게 생각한다. "한 번의 선택이 인생을 바꾼다." 그래서 어떤 결정적인 순간을 떠올리며 삶의 방향이 바뀌었다고 말한다. 하지만 아리스토텔레스는 전혀 다른 이야기를 한다. 그는 인간의 삶을 결정하는 것은 단 한 번의 선택이 아니라, 반복된 선택이라고 말한다. 우리가 어떤 사람이 되는지는 특별한 순간이 아니라, 매일 반복하는 행동 속에서 만들어진다는 것이다. 이 관점은 단순하지만 놀라울 정도로 현실과 맞닿아 있다.

아리스토텔레스는 인간을 "행동하는 존재"로 보았다. 그는 우리가 무엇을 생각하느냐보다 무엇을 반복하느냐가 더 중요하다고 말한다. 그래서 용기는 한 번의 용감한 행동으로 만들어지는 것이 아니라, 반복된 선택 속에서 형성된다고 설명한다. 정직함도 마찬가지다. 한 번의 정직한 선택이 아니라, 계속해서 같은 방향의 선택을 이어갈 때 그것이 하나의 성격이 된다. 결국 우리는 선택을 하는 것이 아니라, 선택을 반복하며 스스로를 만들어가고 있는 셈이다.

여기서 중요한 개념이 바로 "습관"이다. 아리스토텔레스에게 습관은 단순한 반복이 아니라, 삶의 방향을 결정하는 구조였다. 우리는 어떤 행동을 반복할수록 그것을 더 자연스럽게 하게 되고, 결국 그 행동은 의식하지 않아도 이루어지는 상태가 된다. 그래서 처음에는 어렵게 느껴졌던 선택도 반복되면 더 이상 선택처럼 느껴지지 않는다. 그 순간부터 우리는 선택을 하는 사람이 아니라, 그 선택 속에서 살아가는 사람이 된다.

이 이야기가 흥미로운 이유는 우리의 일상과 너무도 닮아 있기 때문이다. 우리는 "이번 한 번쯤은 괜찮겠지"라고 생각하며 선택을 가볍게 넘기지만, 아리스토텔레스의 관점에서 보면 그 한 번이 반복될 가능성을 만들고, 그 반복이 결국 하나의 삶으로 이어진다. 반대로 아주 작은 좋은 선택도 반복되면 점점 더 쉬워지고, 결국 그 사람의 자연스러운 행동이 된다. 그래서 중요한 것은 완벽한 선택이 아니라, 반복 가능한 선택이다.

또 하나 중요한 점은 반복은 중립적이지 않다는 것이다. 어떤 방향으로 반복하느냐에 따라 전혀 다른 결과가 만들어진다. 같은 반복이라도 어떤 사람은 더 나아지는 방향으로 이어지고, 어떤 사람은 점점 더 같은 자리에 머무르게 된다. 그래서 아리스토텔레스는 "우리는 우리가 반복하는 것이 된다"라고 말한다. 이 말은 단순한 문장이지만, 선택과 결과를 연결하는 가장 정확한 설명이다.

이 관점을 받아들이는 순간 선택을 바라보는 시선이 달라진다. 우리는 더 이상 "이번 선택이 중요할까"를 고민하기보다 "이 선택이 반복된다면 어떤 방향이 만들어질까"를 생각하게 된다. 선택은 그 자체로 끝나는 것이 아니라, 반복될 가능성을 가진 시작이기 때문이다.

결국 반복된 선택은 어떻게 삶이 되는가라는 질문의 답은 이렇게 정리할 수 있다. 우리는 한 번의 선택으로 바뀌는 것이 아니라, 반복되는 선택 속에서 서서히 만들어진다. 그리고 그 반복이 쌓여 어느 순간, 우리는 그 선택과 닮은 사람이 되어 있다.

PART 6

우리는 어떻게
다르게 선택할 수 있을까

01

선택을 바꾸는 첫 질문

사람들은 선택을 바꾸기 위해 더 많은 정보를 찾고 더 오래 고민하려 한다. 그래서 더 정확한 답을 찾으면 자연스럽게 더 나은 선택을 할 수 있다고 믿는다. 하지만 실제로 선택이 달라지는 순간을 자세히 들여다보면 변화는 정보가 아니라 질문에서 시작되는 경우가 많다. 같은 상황에서도 어떤 질문을 던지느냐에 따라 전혀 다른 방향이 보이기 때문이다. 우리는 답을 찾고 있다고 생각하지만, 사실은 질문의 방향에 따라 이미 선택의 길이 나뉘고 있는지도 모른다. 이 지점에서 질문이 생긴다. 왜 질문 하나가 선택을 바꾸고, 그 질문은 어떻게 우리의 생각을 다른 방향으로 움직이게 만드는 걸까.

질문은 같은 현실을 전혀 다른 장면으로 바꾼다

우리는 눈앞의 상황을 그대로 보고 있다고 느끼지만 실제로는 질문을 통해 그 상황을 해석하고 있다. 같은 상황에서도 "이건 위험한가"라는 질문을 던지면 위험 요소만 보이기 시작하고 "이건 기회인가"라는 질문을 던지면 가능성만 보이기 시작한다. 심리학적으로 보면 인간은 무엇에 집중하느냐에 따라 받아들이는 정보가 달라지기 때문에 질문은 곧 인식의 방향을 결정하는 역할을 한다. 철학적으로 보면 인간은 세계를 있는 그대로 보는 존재가 아니라 질문을 통해 세계를 구성하는 존재다. 그래서 질문이 달라지는 순간 우리는 같은 현실을 전혀 다른 장면으로 경험하게 된다. 결국 선택은 정보의 차이가 아니라 질문의 차이에서 시작된다. 우리는 무엇을 보느냐보다 무엇을 묻느냐에 따라 다른 선택을 하게 된다. 질문은 현실을 바꾸지 않지만 현실을 보는 방식은 완전히 바꾼다.

질문은 생각의 출발점이 아니라 방향 그 자체다

많은 사람들은 질문을 단순히 생각을 시작하는 도구라고 생각한다. 하지만 실제로 질문은 생각의 시작이 아니라 이미 방향을 포함하고 있는 구조다. 어떤 질문을 던지느냐에 따라 우리는 그 질문이 이끄는 방향으로만 사고하게 된다. 심리학적으로 보면 인간은 처음 설정된 기준에 따라 이후의 판단을 이어가는 경향이 있으며 그 기준은 질문에서 만들어진다. 철학적으로 보면 인간은 자유롭게 사고하는 존재처럼 보이지만 실제로는 질문의 틀 안에서 생각을 확장하는 존재다. 그래서 질문이 바뀌지 않으면 아무리 오래 고민해도 결국 비슷한 결론에 도달하게 된다. 결국 선택을 바꾸고 싶다면 생각을 늘리는 것이 아니라 질문의 방향을 바꾸는 것이 먼저다. 질문은 생각을 시작하게 만드는 것이 아니라 이미 생각의 길을 정해버린다.

익숙한 질문은 같은 선택을 반복하게 만든다

우리는 자신도 모르게 반복적으로 사용하는 질문을 가지고 있다. 그리고 그 질문은 언제나 비슷한 선택으로 이어진다. 예를 들어 어떤 사람은 항상 "이게 안전한가"라는 질문으로 판단을 시작하고 또 다른 사람은 "이게 더 나은 선택인가"라는 질문으로 시작한다. 심리학적으로 보면 인간은 익숙한 사고 패턴을 유지하려는 경향이 있기 때문에 같은 질문을 반복하게 된다. 철학적으로 보면 인간은 자유로운 선택을 하는 존재처럼 보이지만 실제로는 익숙한 질문 속에서 같은 선택을 반복하는 존재이기도 하다. 그래서 우리는 매번 새로운 고민을 한다고 느끼지만 사실은 같은 질문을 반복하고 있을 가능성이 크다. 결국 선택이 바뀌지 않는 이유는 정보가 부족해서가 아니라 질문이 그대로이기 때문이다. 우리는 답을 바꾸려 하지만 질문은 그대로 두고 있다. 같은 질문은 같은 선택을 만든다.

질문은 기준을 드러내고 기준은 선택을 고정시킨다

우리가 어떤 질문을 던지는지는 우리가 무엇을 중요하게 여기는지를 그대로 보여준다. 그래서 질문은 단순한 사고의 도구가 아니라 우리의 기준을 드러내는 신호다. 심리학적으로 보면 인간은 자신이 중요하게 생각하는 가치에 따라 질문을 선택하고 그 질문에 맞는 방향으로 판단을 이어간다. 철학적으로 보면 인간은 기준을 통해 세계를 이해하는 존재이며 그 기준은 질문이라는 형태로 나타난다. 예를 들어 "이게 나에게 이익인가"라는 질문과 "이게 나에게 의미 있는가"라는 질문은 완전히 다른 선택으로 이어진다. 결국 질문은 기준을 드러내고 그 기준은 선택을 고정시키는 역할을 한다. 우리는 선택을 바꾸기 전에 이미 기준에 의해 방향이 정해져 있다. 질문은 보이지 않는 기준을 눈앞으로 끌어내는 장치다.

질문을 바꾸는 순간 익숙했던 선택이 낯설어진다.

기존에 반복해왔던 질문을 멈추고 전혀 다른 질문을 던지는 순간 선택의 흐름은 흔들리기 시작한다. 그동안 당연하게 느껴졌던 선택이 어느 순간 낯설게 보이고 다른 가능성이 보이기 시작한다. 심리학적으로 보면 새로운 질문은 기존의 인식 구조를 깨고 다른 방식의 사고를 유도하는 역할을 한다. 철학적으로 보면 인간은 질문을 통해 세계를 다시 해석하는 존재이며 그 해석은 선택을 바꾸는 힘이 된다. 예를 들어 "이걸 해야 하는 이유는 무엇인가"라는 질문 대신 "이걸 하지 않는다면 어떤 일이 생길까"라는 질문을 던지는 순간 전혀 다른 판단이 만들어진다. 결국 질문을 바꾸는 것은 선택을 바꾸는 가장 빠른 방법이다. 우리는 상황을 바꾸기 전에 질문을 바꾸고 있다. 질문은 익숙한 흐름을 흔드는 가장 작은 변화다.

첫 질문은 선택의 끝까지 영향을 미친다

선택의 순간에 가장 먼저 떠오르는 질문은 이후의 판단 전체를 이끄는 기준이 된다. 그래서 우리는 충분히 고민했다고 느끼지만 사실은 처음의 질문이 이미 결론의 방향을 정해버린 경우가 많다. 심리학적으로 보면 초기의 판단 기준은 이후의 정보 해석과 결론 형성에 지속적으로 영향을 준다. 철학적으로 보면 인간은 시작되는 순간 방향이 만들어지는 존재이며 그 시작은 질문에서 이루어진다. 예를 들어 "이건 실패할 가능성이 큰가"라는 질문으로 시작하면 우리는 실패의 근거를 계속 찾게 되고 "이건 어떤 가능성을 만들 수 있을까"라는 질문으로 시작하면 같은 상황에서도 다른 결론에 도달하게 된다. 결국 첫 질문은 단순한 시작이 아니라 선택의 전체 흐름을 결정짓는 기준이다. 우리는 생각보다 이른 순간에 이미 선택의 방향을 결정하고 있다. 질문은 선택보다 먼저 시작된다.

선택을 바꾸는 첫 질문은 특별한 기술이 아니다. 우리는 더 많은 답을 찾는 것이 아니라 다른 질문을 던지는 순간 이미 다른 선택의 길에 서게 된다. 인간은 답을 통해 변화하는 존재가 아니라 질문을 통해 방향을 바꾸는 존재다. 그래서 중요한 것은 무엇을 선택할지가 아니라, 무엇을 묻고 있는지를 이해하는 것이다.

02

속도를 늦추는 사람들의 공통점

  사람들은 더 좋은 선택을 하기 위해서는 더 빠르게 판단해야 한다고 믿는다. 그래서 기회를 놓치지 않기 위해 서두르고, 남들보다 먼저 결정을 내리려 한다. 하지만 실제로 선택의 결과가 안정적이고 일관된 사람들을 자세히 들여다보면 전혀 다른 특징이 보인다. 그들은 빠르게 움직이기보다 오히려 속도를 늦추며 선택의 순간을 다루고 있다. 특히 중요한 선택일수록 잠시 멈춰 생각의 흐름을 정리하는 시간을 의도적으로 만들어낸다. 그들은 결정을 미루는 것이 아니라, 선택이 시작되는 과정을 천천히 바라본다. 우리는 속도를 능력이라고 생각하지만, 때로는 속도를 늦추는 태도가 선택의 질을 완전히 바꾸기도 한다. 이 지점에서 질문이 생긴다. 왜 속도를 늦추는 사람들은 더 흔들리지 않고, 더 다른 결과를 만들어낼 수 있는 걸까.

속도를 늦추면 보이는 것들

많은 사람들은 속도를 늦춘다는 것을 주저하거나 결정을 미루는 태도로 오해한다. 하지만 실제로 속도를 늦추는 사람들은 판단을 회피하는 것이 아니라 판단이 이루어지는 과정을 더 깊이 바라보고 있는 경우가 많다. 심리학적으로 보면 인간은 빠르게 판단할수록 기존의 경험과 패턴에 의존하게 되며 그로 인해 새로운 요소를 놓치기 쉽다. 철학적으로 보면 인간은 세계를 즉각적으로 이해하는 존재가 아니라 충분히 바라볼 때 의미를 발견하는 존재다. 그래서 속도를 늦추는 순간 우리는 단순한 정보가 아니라 그 정보의 맥락과 흐름을 함께 인식하게 된다. 결국 속도를 늦춘다는 것은 행동을 멈추는 것이 아니라 인식을 확장하는 과정이다. 우리는 빠르게 판단할 때보다 천천히 바라볼 때 더 많은 것을 이해하게 된다. 선택은 속도보다 인식의 깊이에 따라 달라진다.

빠른 판단은 익숙한 선택을 반복하게 만든다

우리는 빠르게 판단할수록 더 능력 있는 선택을 하고 있다고 느끼지만 실제로는 이미 알고 있는 선택을 다시 반복하는 경우가 많다. 심리학적으로 보면 인간은 시간의 압박을 받을수록 새로운 판단을 하기보다 기존의 패턴을 재사용하려는 경향이 강해진다. 그래서 빠른 선택은 효율적일 수 있지만 새로운 결과를 만들 가능성은 오히려 줄어든다. 철학적으로 보면 인간은 속도가 빨라질수록 자유로운 선택을 하기보다 익숙한 흐름 속으로 들어가게 된다. 결국 우리는 빠르게 움직일수록 더 많은 선택을 하는 것이 아니라 더 적은 선택지를 반복하고 있을지도 모른다. 선택의 다양성은 속도에서 나오는 것이 아니라 여유에서 만들어진다. 우리는 빠르게 결론에 도달하려 할수록 이미 알고 있는 답으로 돌아가게 된다. 속도는 선택을 늘리는 것이 아니라 오히려 줄이기도 한다.

속도를 늦추면 감정과 선택 사이에 거리가 생긴다

선택의 순간에 가장 강하게 작용하는 요소는 감정이다. 그리고 빠른 판단은 그 감정을 그대로 행동으로 이어지게 만든다. 심리학적으로 보면 인간은 감정이 강할수록 즉각적인 반응을 보이려는 경향이 있으며 그 반응은 깊은 판단 없이 이루어지는 경우가 많다. 철학적으로 보면 인간은 감정과 이성 사이에서 균형을 이루는 존재이며 그 균형은 시간이 있을 때 유지된다. 속도를 늦추는 순간 우리는 감정에서 한 발 떨어져 상황을 바라볼 수 있게 된다. 그 거리에서 우리는 감정이 아니라 기준을 중심으로 선택을 다시 생각하게 된다. 결국 속도를 늦춘다는 것은 감정을 제거하는 것이 아니라 감정과 선택을 분리하는 과정이다. 우리는 멈추는 순간 더 자유롭게 선택할 수 있게 된다.

속도를 늦추는 사람은 질문을 바꾸며 사고를 확장한다

빠르게 판단하는 사람은 주로 "지금 무엇을 해야 하지"라는 질문을 던지며 결론을 향해 움직인다. 반면 속도를 늦추는 사람은 "지금 내가 무엇을 놓치고 있는가"라는 질문을 던지며 사고를 확장한다. 이 질문의 차이는 선택의 방향을 완전히 다르게 만든다. 심리학적으로 보면 질문은 사고의 범위를 결정하는 핵심 요소이며 질문이 달라지면 인식의 구조 자체가 바뀐다. 같은 상황에서도 어떤 질문을 던지느냐에 따라 전혀 다른 선택지가 보이기 시작한다. 철학적으로 보면 인간은 질문을 통해 세계를 재구성하는 존재이며 그 질문이 달라지는 순간 선택의 기준도 달라진다. 그래서 속도를 늦추는 사람은 더 많은 정보를 찾기보다 더 다른 질문을 던진다. 결국 선택의 질은 정보의 양이 아니라 질문의 깊이에 의해 결정된다. 우리는 답을 빠르게 찾으려 하지만 질문을 바꾸는 순간 더 나은 선택에 가까워진다.

속도를 늦추면 기준이 드러나고 선택이 선명해진다

빠르게 판단할 때 우리는 자신이 어떤 기준으로 선택하고 있는지 거의 인식하지 못한다. 하지만 속도를 늦추는 순간 우리는 자신의 판단 기준을 조금씩 자각하게 된다. 이때 비로소 왜 그 선택을 하려 했는지 스스로 설명할 수 있는 상태에 가까워진다. 심리학적으로 보면 인간은 시간을 들여 사고할 때 자신의 생각 과정을 더 명확하게 인식할 수 있으며 그 과정에서 기준이 드러난다. 철학적으로 보면 인간은 스스로를 인식하는 순간 더 자유로운 선택을 할 수 있는 존재다. 그래서 속도를 늦추는 사람은 단순히 천천히 선택하는 것이 아니라 자신의 기준을 이해하며 선택한다. 결국 선택의 차이는 속도의 차이가 아니라 기준을 인식했는지의 차이에서 만들어진다. 우리는 서두를 때보다 멈춰서 바라볼 때 더 명확한 기준을 발견하게 된다. 기준이 보이는 순간 선택은 훨씬 단순해진다.

속도를 늦추는 순간 선택은 다시 가능성으로 열린다

빠르게 판단할 때 선택은 하나의 결론처럼 굳어지기 쉽다. 하지만 속도를 늦추는 순간 그 선택은 다시 여러 가능성 중 하나로 보이기 시작한다. 심리학적으로 보면 인간은 시간적 여유가 있을 때 더 다양한 대안을 탐색할 수 있으며 그로 인해 더 유연한 선택이 가능해진다. 철학적으로 보면 인간은 닫힌 결론 속에 머무는 존재가 아니라 열린 가능성 속에서 방향을 찾는 존재다. 그래서 속도를 늦추는 사람은 결정을 서두르기보다 선택을 잠시 열어두는 방식을 택한다. 그 과정에서 우리는 이전에는 보지 못했던 선택지를 발견하게 된다. 결국 속도를 늦춘다는 것은 결정을 미루는 것이 아니라 선택의 가능성을 확장하는 것이다. 우리는 멈추는 순간 더 많은 길을 보게 된다.

속도를 늦추는 사람들의 공통점은 단순하다. 그들은 더 많이 아는 사람이 아니라, 더 오래 바라보는 사람이다. 인간은 빠르게 선택할수록 익숙한 방향으로 움직이고, 천천히 바라볼수록 다른 가능성을 발견한다. 그래서 중요한 것은 얼마나 빨리 선택하느냐가 아니라, 얼마나 충분히 보고 있는가이다.

03

반복을 끊는 가장 현실적인 방법

　사람들은 같은 선택을 반복하지 않기 위해 더 강하게 결심하고 더 엄격하게 자신을 통제하려 한다. 그래서 "이번에는 반드시 바꾼다"는 다짐을 여러 번 반복하지만, 시간이 지나면 다시 같은 흐름으로 돌아가는 경험을 하게 된다. 우리는 반복을 의지의 문제로 이해하지만, 실제로 반복은 훨씬 더 현실적인 구조와 환경 속에서 만들어지고 유지된다. 같은 시간, 같은 장소, 같은 상황이 반복될수록 우리는 거의 자동처럼 비슷한 선택을 하게 된다. 그래서 반복은 개인의 성격이 아니라 익숙한 환경과 조건 속에서 더욱 단단해진다. 그래서 반복을 끊기 어려운 이유는 의지가 부족해서가 아니라 그 반복이 작동하는 방식이 너무 자연스럽기 때문이다. 이 지점에서 질문이 생긴다. 반복은 어떻게 만들어지고, 우리는 어떻게 해야 그 흐름을 현실적으로 바꿀 수 있을까.

반복은 의지가 아니라 구조로 작동한다

우리는 반복을 개인의 결심 문제로 생각하지만 실제로는 특정한 상황과 감정과 행동이 연결된 구조 속에서 반복이 만들어진다. 같은 상황이 반복되고 같은 감정이 따라오면 우리는 거의 같은 선택을 하게 된다. 이 구조는 의식하지 못하는 사이에 더 단단해지고, 점점 더 자연스러운 선택처럼 느껴진다. 심리학적으로 보면 인간의 행동은 의식적인 판단보다 자동화된 패턴에 더 크게 영향을 받는다. 그래서 반복은 노력으로 유지되는 것이 아니라 구조에 의해 자연스럽게 이어진다. 철학적으로 보면 인간은 자유롭게 선택하는 존재이면서 동시에 조건에 의해 움직이는 존재다. 결국 반복을 끊기 어려운 이유는 그 행동이 아니라 그 행동이 발생하는 구조가 그대로 유지되고 있기 때문이다. 우리는 결과를 바꾸려 하지만 원인이 되는 구조는 그대로 두고 있다. 반복을 바꾸기 위해서는 결심보다 구조를 먼저 이해해야 한다. 구조는 보이지 않지만 행동을 계속 이어지게 만드는 힘이다.

반복은 시작보다 이어지는 흐름에서 강화된다

많은 사람들은 반복을 끊기 위해 그 행동이 시작되는 순간을 통제하려 한다. 하지만 실제로 더 중요한 것은 그 행동이 이어지는 과정이다. 한 번 시작된 행동이 계속 이어지도록 만드는 조건이 반복을 유지시키기 때문이다. 작은 행동 하나가 이어지는 과정에서 점점 더 익숙해지고, 그 익숙함이 다시 다음 선택을 끌어당긴다. 심리학적으로 보면 인간은 행동을 시작하는 것보다 그 행동을 지속하는 과정에서 더 강하게 영향을 받는다. 그래서 반복은 시작이 아니라 이어지는 흐름 속에서 점점 더 강화된다. 철학적으로 보면 인간의 삶은 단절된 사건이 아니라 지속되는 흐름이며 그 흐름이 반복을 만든다. 결국 반복을 끊기 위해서는 시작을 막는 것보다 이어지는 흐름을 끊는 것이 더 효과적이다. 우리는 시작을 통제하려 하지만 흐름은 그대로 두고 있다. 반복은 한 번의 선택이 아니라 이어지는 과정이다.

환경은 반복을 가장 현실적으로 유지시키는 힘이다

사람들은 자신의 의지를 바꾸려고 노력하지만 실제로는 환경이 행동을 훨씬 더 강하게 결정한다. 같은 사람이라도 환경이 달라지면 전혀 다른 선택을 하게 되는 경우는 매우 흔하다. 우리가 어떤 공간에 있는지, 누구와 함께 있는지에 따라 선택의 방향은 자연스럽게 달라진다. 심리학적으로 보면 인간은 주변의 자극과 조건에 의해 행동이 유도되는 존재이며 그 환경이 반복을 유지시키는 핵심 요소다. 철학적으로 보면 인간은 독립된 존재가 아니라 환경과 관계 속에서 선택하는 존재다. 그래서 반복을 끊기 위해서는 자신을 바꾸려 하기보다 선택이 이루어지는 환경을 바꾸는 것이 더 현실적이다. 예를 들어 특정 상황이 반복을 유도한다면 그 상황 자체를 바꾸는 것이 훨씬 효과적이다. 결국 우리는 의지를 강화하려 하지만 환경은 그대로 두고 있다. 환경은 보이지 않지만 행동을 가장 강하게 이끄는 조건이다.

작은 단절은 반복의 흐름을 흔드는 가장 강한 시작이다

반복은 끊어지지 않고 이어질 때 가장 강하게 유지된다. 그래서 그 흐름 속에 아주 작은 변화가 생기는 순간 반복은 흔들리기 시작한다. 예상과 다른 선택이 한 번 들어오는 순간, 익숙한 흐름은 더 이상 완전히 자동으로 이어지지 않는다. 심리학적으로 보면 인간의 행동은 연속성에 의해 유지되며 그 연속성이 깨지면 기존의 패턴도 약해진다. 철학적으로 보면 인간은 흐름 속에 있을 때 그것을 인식하지 못하지만 흐름이 끊기는 순간 그 구조를 자각하게 된다. 그래서 반복을 완전히 바꾸려 하기보다 그 흐름 속에 작은 단절을 만들어내는 것이 더 현실적인 방법이다. 단 한 번 다른 선택을 하는 것만으로도 반복의 방향은 조금씩 달라질 수 있다. 결국 변화는 거대한 결심이 아니라 작은 균열에서 시작된다. 우리는 완전히 바꾸려 하기보다 흐름을 흔드는 것이 먼저다. 반복은 끊어지는 순간 다시 다른 방향으로 이어질 수 있다.

반복은 멈추는 것이 아니라 대체되는 것이다

많은 사람들은 반복을 끊기 위해 그 행동을 하지 않으려고 노력한다. 하지만 단순히 멈추는 것만으로는 오래 지속되기 어렵다. 그 자리를 대신할 다른 선택이 필요하기 때문이다. 심리학적으로 보면 인간은 특정 행동을 없애는 것보다 다른 행동으로 대체하는 것이 훨씬 효과적이다. 그래서 반복을 끊는 것은 제거가 아니라 전환에 가깝다. 철학적으로 보면 인간은 공백을 유지하는 존재가 아니라 항상 어떤 행동으로 그 자리를 채우는 존재다. 결국 반복을 바꾸기 위해서는 기존의 행동을 없애는 것이 아니라 다른 행동을 연결해야 한다. 우리는 멈추려고 하지만 실제로는 다른 방향으로 이어져야 한다. 반복은 사라지지 않고 방향을 바꾸며 계속 이어진다.

반복을 인식하는 순간 선택의 주도권이 돌아온다

이쯤에서 우리는 한 가지를 생각해볼 필요가 있다. 지금 내가 반복하고 있는 선택은 어떤 구조 속에서 이루어지고 있는가, 이 질문을 던지는 순간 우리는 단순히 행동을 하는 사람이 아니라 그 행동을 바라보는 사람이 된다. 심리학적으로 보면 인간은 자신의 행동을 인식하는 순간 그 행동을 조절할 수 있는 가능성을 가지게 된다. 철학적으로 보면 인간은 인식하는 순간 자유를 가지는 존재이며 그 자유는 선택을 바꿀 수 있는 힘이 된다. 그래서 반복을 끊는 첫 단계는 행동을 멈추는 것이 아니라 그 반복을 알아차리는 것이다. 결국 인식은 변화의 출발점이며 그 인식이 선택의 방향을 바꾸기 시작한다. 우리는 반복 속에 있을 때보다 그것을 바라볼 때 더 자유로워진다.

반복을 끊는 가장 현실적인 방법은 거창하지 않다. 우리는 의지를 강화하기보다 구조를 이해하고, 행동을 멈추기보다 흐름을 바꾸며, 완전히 바꾸려 하기보다 작은 단절을 만들어낸다. 인간은 결심으로 변화하는 존재가 아니라 구조와 흐름을 바꾸는 순간 달라지는 존재다.

04

완벽한 선택보다 중요한 것

　사람들은 선택을 할 때 가능한 한 완벽한 답을 찾으려고 한다. 그래서 더 많은 정보를 모으고 더 오래 고민하며, 실수 없는 결정을 기다린다. 하지만 삶의 흐름을 자세히 들여다보면 완벽한 선택이 결과를 만드는 경우는 생각보다 많지 않다. 오히려 불완전한 상태에서 시작된 선택이 반복되고 이어지면서 더 큰 차이를 만들어낸다. 작은 선택이 계속 이어지며 방향을 만들어낸다는 사실을 우리는 종종 놓치고 있다. 우리는 선택의 순간을 완성으로 생각하지만, 실제로 선택은 그 이후의 흐름 속에서 계속 만들어진다. 그래서 완벽함을 기준으로 선택을 바라보는 순간, 우리는 선택을 시작하기보다 멈추게 된다. 이 지점에서 질문이 생긴다. 왜 완벽함을 추구할수록 선택은 어려워지고, 우리는 무엇을 기준으로 선택을 다시 바라봐야 할까.

완벽함은 선택을 미루게 만드는 가장 설득력 있는 이유다

사람은 실수를 피하고 싶은 마음 때문에 더 좋은 선택을 찾으려 한다. 그래서 가능한 모든 경우를 비교하고 확실해질 때까지 결정을 미루게 된다. 그 과정에서 우리는 준비하고 있다고 느끼지만, 실제로는 선택의 순간을 계속 뒤로 밀어내고 있는지도 모른다. 심리학적으로 보면 인간은 손실을 피하려는 성향이 강하기 때문에 불확실한 상황에서 결정을 회피하려는 경향이 있다. 그래서 완벽함은 더 나은 선택을 위한 기준처럼 보이지만 실제로는 선택을 지연시키는 가장 자연스러운 이유가 된다. 시간이 지날수록 기준은 더 까다로워지고, 선택은 점점 더 시작하기 어려워진다. 철학적으로 보면 인간은 완전한 상태를 추구하지만 현실은 언제나 불완전한 조건 속에서 이루어진다. 그래서 완벽함을 기준으로 삼는 순간 우리는 선택을 시작하지 못하게 된다. 결국 완벽함은 선택의 질을 높이는 것이 아니라 선택의 시작을 막는 조건이 되기도 한다. 우리는 더 좋은 답을 찾으려 하지만 그 과정에서 움직일 기회를 놓치고 있다. 완벽함은 선택을 돕는 기준이 아니라 선택을 늦추는 장치가 되기도 한다.

완벽한 선택은 존재하기보다 계속 밀려나는 기준에 가깝다

우리는 완벽한 선택이 어딘가에 존재한다고 믿지만 실제로는 그 기준이 계속 변하고 있다. 정보를 더 알게 될수록 기준은 더 높아지고 선택은 더 어려워진다. 처음에는 충분하다고 느꼈던 선택도, 비교 대상이 늘어나는 순간 다시 부족하게 느껴진다. 심리학적으로 보면 인간은 선택지를 더 많이 알수록 더 나은 선택을 기대하게 되고 그 기대는 만족을 더 어렵게 만든다. 그래서 완벽함은 도달 가능한 목표가 아니라 계속 뒤로 밀려나는 기준이 된다. 기준이 높아질수록 우리는 선택에 가까워지는 것이 아니라 오히려 더 멀어지게 된다. 철학적으로 보면 인간은 절대적인 기준을 가지기 어려운 존재이며 모든 판단은 제한된 조건 속에서 이루어진다. 결국 완벽함을 추구할수록 우리는 더 많은 비교 속에 머물게 되고 선택은 점점 더 멀어진다. 우리는 더 나은 선택을 찾고 있지만 그 기준은 계속 움직이고 있다. 완벽함은 선택을 완성시키는 기준이 아니라 선택을 끝없이 지연시키는 기준이다.

완벽한 선택보다 중요한 것은 이어지는 선택이다

한 번의 완벽한 선택은 그 순간에는 의미 있어 보일 수 있지만 그것이 이어지지 않으면 결과로 연결되기 어렵다. 반대로 조금 부족해 보이더라도 계속 이어질 수 있는 선택은 시간이 지나면서 더 큰 변화를 만든다. 심리학적으로 보면 인간의 행동은 반복과 지속성에 의해 강화되며 그 반복이 결과를 만든다. 철학적으로 보면 인간의 삶은 단일한 결정이 아니라 반복되는 선택의 흐름으로 이루어진다. 그래서 중요한 것은 가장 좋은 선택이 아니라 계속 이어질 수 있는 선택이다. 결국 선택의 가치는 순간의 완벽함이 아니라 시간 속에서 유지될 수 있는 가능성에 있다. 우리는 최고의 선택을 찾으려 하지만 실제로는 이어지는 선택이 더 큰 차이를 만든다. 반복 가능한

선택이 결과를 만든다. 선택은 순간이 아니라 흐름 속에서 의미를
가진다.

선택은 완성되는 것이 아니라 만들어지는 과정이다

많은 사람들은 선택을 하나의 결과처럼 생각하지만 실제로는 선
택 이후의 행동과 흐름 속에서 그 의미가 만들어진다. 처음에는 불
완전해 보였던 선택도 시간이 지나면서 더 나은 결과로 이어질 수 있
다. 심리학적으로 보면 인간은 결정을 내린 뒤 그 선택을 정당화하고
발전시키는 방향으로 행동하는 경향이 있다. 철학적으로 보면 인간
은 결과를 선택하는 존재가 아니라 선택을 통해 결과를 만들어가는
존재다. 그래서 선택은 그 순간에 완성되는 것이 아니라 이후의 행동
속에서 계속 수정되고 확장된다. 결국 우리는 완성된 답을 찾는 것이
아니라 답을 만들어가고 있는 것이다. 선택은 끝이 아니라 시작이다.
완벽함은 선택의 조건이 아니라 선택 이후에 만들어지는 결과일지도
모른다.

완벽함을 내려놓는 순간 선택의 폭이 넓어진다

완벽한 선택을 하려는 마음은 우리를 신중하게 만들지만 동시에
가능성을 제한하기도 한다. 실수를 피하려는 태도는 새로운 시도를
막고 익숙한 선택만 반복하게 만든다. 심리학적으로 보면 실패에 대
한 두려움이 클수록 행동의 범위는 줄어들고 선택의 다양성은 감소
한다. 철학적으로 보면 인간은 불완전한 존재이기 때문에 그 불완전

함을 받아들일 때 더 자유롭게 움직일 수 있다. 그래서 완벽함을 내려놓는 것은 포기가 아니라 선택의 가능성을 확장하는 행동이다. 우리는 완벽함을 포기하는 순간 더 다양한 선택을 시도할 수 있게 된다. 결국 선택의 자유는 완벽함이 아니라 허용에서 만들어진다. 우리는 완벽하려 할 때보다 불완전함을 받아들일 때 더 넓은 길을 보게 된다.

완벽한 선택보다 중요한 것은 실제로 움직이는 선택이다

아무리 좋은 선택이라도 실행되지 않으면 아무 의미가 없다. 반대로 조금 부족해 보이더라도 실제로 행동으로 이어지는 선택은 결과를 만들어낸다. 심리학적으로 보면 행동은 생각보다 먼저 변화를 만들며 그 행동이 다시 생각을 바꾸는 순환을 만든다. 철학적으로 보면 인간은 생각하는 존재이면서 동시에 행동을 통해 자신을 변화시키는 존재다. 그래서 선택은 머릿속에서 완성되는 것이 아니라 행동 속에서 의미를 가진다. 결국 중요한 것은 완벽하게 고르는 것이 아니라 실제로 선택하고 움직이는 것이다. 우리는 더 나은 선택을 기다리지만 실제로는 움직이는 선택이 더 큰 차이를 만든다. 선택은 완벽함보다 실행에서 완성된다. 행동은 선택을 현실로 바꾸는 유일한 방법이다.

완벽한 선택보다 중요한 것은 생각보다 단순하다. 우리는 완벽한 답을 찾는 존재가 아니라, 불완전한 상태에서 선택하고 그 선택을 통해 결과를 만들어가는 존재다. 그래서 중요한 것은 완벽함이 아니라 반복과 실행이며, 선택은 기다리는 것이 아니라 움직이는 순간부터 시작된다.

05

다른 흐름은 이렇게 시작된다

사람들은 삶의 흐름이 바뀌는 순간을 떠올릴 때 거대한 변화나 극적인 결정을 기대한다. 그래서 완전히 다른 선택, 완전히 새로운 시작, 혹은 단번에 인생을 바꾸는 사건을 상상한다. 하지만 실제로 흐름이 바뀌는 순간은 그렇게 눈에 띄지 않는다. 아주 작고 사소한 선택 하나가 기존의 반복에서 살짝 벗어나는 순간, 그때부터 새로운 방향이 만들어지기 시작한다. 그 변화는 처음에는 거의 느껴지지 않지만 시간이 지나면서 점점 다른 결과를 만들어낸다. 우리는 변화를 크게 느끼고 싶어 하지만, 흐름은 거의 보이지 않는 지점에서 조용히 바뀐다. 그래서 중요한 것은 얼마나 크게 바꾸느냐가 아니라, 어디에서 다르게 시작하느냐이다. 이 지점에서 질문이 생긴다. 어떻게 그 작은 변화가 기존의 흐름을 바꾸고, 전혀 다른 결과로 이어질 수 있는 걸까.

다른 흐름은 기존 흐름에서 어긋나며 시작된다

우리는 변화를 시작할 때 지금까지의 방식을 완전히 버려야 한다고 생각한다. 그래서 기존의 패턴과 전혀 다른 행동을 하려고 시도하지만 그 부담 때문에 오래 유지하지 못하고 다시 돌아오게 된다. 그래서 변화는 시작보다 유지가 더 어렵다는 경험을 반복하게 된다. 하지만 실제로 흐름을 바꾸는 시작은 완전한 변화가 아니라 기존 흐름에서의 아주 작은 어긋남이다. 그 작은 차이는 처음에는 미미해 보이지만 시간이 지날수록 전혀 다른 방향을 만들어낸다. 심리학적으로 보면 인간은 급격한 변화보다 점진적인 변화를 더 쉽게 받아들이고 지속할 수 있다. 철학적으로 보면 인간의 삶은 단절이 아니라 연속이며 그 연속 속에서 방향이 조금씩 바뀐다. 그래서 완전히 다른 선택이 아니라 기존 선택에서 아주 작은 차이를 만드는 것이 더 현실적인 시작이 된다. 결국 다른 흐름은 새로운 길을 만드는 것이 아니라 기존 길에서 살짝 방향을 틀면서 시작된다. 우리는 크게 바꾸려 하지만 실제 변화는 작게 시작된다. 어긋남은 작지만 그 방향은 완전히 다를 수 있다.

흐름은 한 번의 선택이 아니라 이어지는 선택 속에서 형성된다

어떤 선택을 한 번 다르게 했다고 해서 바로 다른 결과가 만들어지지는 않는다. 중요한 것은 그 선택이 이어지고 반복되면서 하나의 방향을 만드는 것이다. 그래서 처음의 작은 변화가 이어지지 않으면 다시 익숙한 흐름으로 돌아가기 쉽다. 심리학적으로 보면 인간의 행동은 반복될 때 비로소 새로운 패턴으로 자리 잡는다. 같은 선택이 쌓일수록 그것은 점점 더 자연스러운 기준으로 자리 잡는다. 그래서 흐름은 단일한 사건이 아니라 지속되는 선택의 연속 속에서 형성된다. 철학적으로 보면 인간은 순간이 아니라 지속 속에서 변화하는 존재이며 그 지속이 새로운 흐름을 만든다. 결국 다른 흐름은 한 번의 용기가 아니라 계속 이어지는 선택에서 만들어진다. 우리는 한 번 바꾸려 하지만 흐름은 계속될 때 바뀐다. 반복은 방향을 고정시키고 그 방향이 결과를 만든다. 선택은 순간이 아니라 이어질 때 의미를 가진다.

다른 흐름은 행동보다 기준이 달라질 때 만들어진다

우리는 새로운 선택을 하기 위해 더 많은 행동을 시도하려 하지만 실제로 중요한 것은 행동의 양이 아니라 판단의 기준이다. 같은 상황에서도 어떤 기준으로 바라보느냐에 따라 전혀 다른 선택이 만들어진다. 심리학적으로 보면 인간은 기준에 따라 정보를 해석하고 그 해석이 선택으로 이어진다. 철학적으로 보면 인간은 기준을 통해 세계를 이해하는 존재이며 그 기준이 바뀌는 순간 현실도 달라 보인다. 그래서 다른 흐름은 새로운 행동이 아니라 새로운 기준에서 시작된다. 결국 우리는 행동을 바꾸기보다 기준을 바꿀 때 더 쉽게 다른 선택을 하게 된다. 기준이 달라지면 같은 상황도 전혀 다른 의미를 가지게 된다. 흐름은 행동이 아니라 기준에서 시작된다. 우리는 보이는 것을 바꾸려 하지만 실제 변화는 보이지 않는 기준에서 시작된다.

작은 변화는 처음에는 의미 없어 보이지만 방향을 결정한다

다른 흐름을 만드는 선택은 처음에는 거의 변화가 없는 것처럼 느껴진다. 그래서 우리는 그 선택의 의미를 쉽게 의심하고 다시 원래의 방식으로 돌아가려 한다. 하지만 그 작은 변화는 사라지는 것이 아니라 계속 이어지며 방향을 만든다. 심리학적으로 보면 인간은 즉각적인 변화가 없으면 행동의 가치를 낮게 평가하는 경향이 있다. 철학적으로 보면 변화는 순간이 아니라 축적 속에서 드러나는 것이기 때문에 초기에는 거의 보이지 않는다. 그래서 우리는 변화가 없다고 느끼지만 실제로는 방향이 이미 달라지고 있다. 결국 작은 변화는 눈에 보이지 않는 상태에서 이미 결과를 준비하고 있다. 우리는 지금의 차이를 느끼지 못하지만 그 차이는 계속 쌓이고 있다. 흐름은 보이지 않는 상태에서 이미 시작되고 있다.

다른 흐름은 선택을 바라보는 방식이 바뀔 때 유지된다

우리는 새로운 선택을 할 때 그 결과를 기대하며 움직인다. 그래서 결과가 바로 나타나지 않으면 그 선택을 유지하기 어려워진다. 하지만 다른 흐름을 만드는 사람들은 선택을 결과가 아니라 방향으로 바라본다. 심리학적으로 보면 행동의 의미를 어떻게 해석하느냐에 따라 그 행동을 지속하는 방식이 달라진다. 철학적으로 보면 인간은 결과를 향해 움직이는 존재이면서 동시에 의미를 통해 행동을 유지하는 존재다. 그래서 선택을 결과가 아니라 흐름의 일부로 바라보는 순간 우리는 그 선택을 더 오래 유지할 수 있다. 결국 흐름은 결과가 아니라 해석에서 유지된다. 우리는 결과를 기다리지만 실제로는 의미가 선택을 이어지게 만든다. 선택을 보는 방식이 흐름을 만든다. 해석은 행동을 지속하게 만드는 힘이다.

다른 흐름은 인식되는 순간부터 더 강하게 이어진다

흐름은 이미 시작되었을 때보다 그것을 인식하는 순간 더 분명해진다. 우리는 어떤 변화가 진행되고 있어도 그것을 인식하지 못하면 다시 원래의 방식으로 돌아가게 된다. 하지만 그 흐름을 알아차리는 순간 우리는 그 방향을 유지할 수 있는 힘을 가지게 된다. 심리학적으로 보면 인간은 자신의 행동을 인식하는 순간 그 행동을 조절할 수 있는 가능성을 가진다. 철학적으로 보면 인간은 인식하는 순간 자유를 가지는 존재이며 그 자유는 선택을 지속하게 만든다. 그래서 다른 흐름을 유지하는 핵심은 새로운 선택 자체가 아니라 그 선택을 알아차리는 것이다. 결국 인식은 흐름을 강화하는 가장 중요한 조건이다. 우리는 무의식적으로 반복할 때보다 인식하며 선택할 때 더 다른 방향으로 이어질 수 있다. 인식은 흐름을 지속하게 만드는 힘이다.

다른 흐름은 이렇게 시작된다. 거창한 결심이 아니라 아주 작은 어긋남에서, 한 번의 선택이 아니라 이어지는 반복 속에서, 행동이 아니라 기준의 변화에서 조용히 시작된다. 인간은 갑자기 달라지는 존재가 아니라, 흐름을 바꾸는 순간 서서히 다른 방향으로 이동하는 존재다.

캐럴 드웩
우리는 정말 다르게 선택할 수 있는가

사람들은 종종 이렇게 말한다. "나는 원래 이런 사람이야." 그래서 어떤 선택을 반복하게 되면 그것을 성격이나 기질의 문제로 받아들이고, 바뀌기 어렵다고 느낀다. 하지만 캐럴 드웩은 전혀 다른 이야기를 한다. 그는 인간이 고정된 존재가 아니라 변화할 수 있는 존재라고 말하며, 우리가 어떤 마음가짐을 가지느냐에 따라 선택 자체가 달라질 수 있다고 설명한다. 이 관점은 단순한 자기계발 이야기가 아니라, 우리가 선택을 어떻게 이해해야 하는지를 완전히 뒤집는 생각이다. 그래서 변화는 새로운 능력을 만드는 것이 아니라, 이미 가지고 있는 가능성을 다시 바라보는 것에서 시작된다.

캐럴 드웩은 인간의 사고방식을 크게 두 가지로 나눈다. 하나는 "고정된 사고방식"이고, 다른 하나는 "성장하는 사고방식"이다. 고정된 사고방식을 가진 사람은 자신의 능력이나 성격이 변하지 않는다고 믿기 때문에 선택을 할 때도 이미 정해진 틀 안에서 움직이게 된다. 반면 성장하는 사고방식을 가진 사람은 자신이 변화할 수 있다고 믿기 때문에 같은 상황에서도 다른 선택을 시도할 가능성이 높다. 결국 선택은 능력의 문제가 아니라, 자신을 어떻게 바라보느냐에서 시작된다. 이때 중요한 것은 지금의 모습이 아니라 앞으로 바뀔 수 있는 가능성을 기준으로 자신을 바라보는 태도다.

여기서 눈여겨볼 점은 이 사고방식이 거창한 결심에서 만들어지는 것이 아니라, 아주 일상적인 생각의 차이에서 시작된다는 것이다. 같은 상황에서도 "나는 원래 이런 사람이야"라고 말하는 순간 선택은 과거에 묶이고, "나는 바뀔 수 있어"라고 생각하는 순간 선택은 미래로 열리기 시작한다. 우리는 종종 능력이 부족해서 선택이 달라지지 않는다고 느끼지만, 실제로는 생각의 방향이 선택의 범위를 먼저 제한하고 있는 경우가 많다.

그래서 사고방식은 단순한 태도가 아니라 선택의 가능성을 결정하는 출발점이 된다. 어떤 기준으로 자신을 바라보느냐에 따라 시도할 수 있는 선택의 범위 자체가 달라지고, 그 범위가 넓어질수록 새로운 흐름이 만들어질 가능성도 함께 커진다. 변화는 특별한 계기가 아니라, 스스로를 바라보는 방식이 바뀌는 순간부터 이미 시작되고 있는지도 모른다.

이 차이는 아주 작은 순간에서 드러난다. 어떤 사람이 실패를 경험했을 때 "역시 나는 안 되는 사람이야"라고 생각하면 그 순간 선택의 폭은 좁아진다. 하지만 같은 상황에서 "이건 아직 익숙하지 않아서 그래"라고 생각하면 그 사람은 다시 시도할 가능성을 가진다. 선택은 결과 이후에 만들어지는 것이 아니라, 그 결과를 어떻게 해석하느냐에 따라 달라진다. 우리는 실패를 경험하지만, 그 실패를 어떻게 이해하느냐에 따라 다음 선택은 완전히 달라진다. 같은 경험도 해석이 달라지는 순간 전혀 다른 출발점이 된다.

흥미로운 점은 이 사고방식이 단순한 생각이 아니라 실제 행동을 바꾼다는 것이다. 성장하는 사고방식을 가진 사람은 결과보다 과정을 더 중요하게 여기기 때문에, 완벽하지 않더라도 선택을 계속 이어간다. 반대로 고정된 사고방식을 가진 사람은 결과가 나쁘게 나올 가능성을 피하려 하기 때문에 새로운 선택을 시도하지 않으려 한다. 그래서 결국 더 많은 선택을 하는 사람은 더 많이 성장하고, 더 많은 가능성을 만들어낸다. 그리고 그 반복되는 선택이 쌓이면서 이전과는 전혀 다른 흐름이 만들어지기 시작한다.

여기서 중요한 포인트는 "다르게 선택할 수 있는가"라는 질문이다. 캐럴 드웩의 답은 명확하다. 우리는 이미 정해진 방식으로 선택하는 존재가 아니라, 자신을 어떻게 이해하느냐에 따라 선택을 바꿀 수 있는 존재라는 것이다. 즉, 선택은 단순한 행동이 아니라 자기 인식에서 시작되는 변화다. 우리는 상황 때문에 같은 선택을 반복하는 것이 아니라, 자신에 대한 믿음 때문에 같은 선택을 반복하고 있을지도 모른다. 이 사실을 인식하는 순간 선택을 바라보는 시선 자체가 달라지기 시작한다.

이 관점을 받아들이는 순간 선택을 바라보는 기준이 달라진다. 우리는 더 이상 "나는 원래 이런 사람이야"라는 말에 머무르지 않고, "나는 어떤 선택을 반복하고 있는가"라는 질문을 던지게 된다. 그리고 그 질문은 선택을 바꾸는 시작이 된다.

결국 우리는 정말 다르게 선택할 수 있는가라는 질문의 답은 이렇게 이어진다. 인간은 고정된 존재가 아니라 변화하는 존재이며, 선택은 능력보다 믿음에서 시작된다. 그래서 우리가 자신을 어떻게 바라보느냐에 따라, 같은 상황에서도 전혀 다른 선택이 가능해진다.

부록

선택이
바뀌는 순간들

01

무료라는 말 하나에
계획이 바뀌는 순간

퇴근길, 아무 생각 없이 편의점으로 향했다. 원래는 물 한 병만 사려고 했는데, 계산대 옆에 붙어 있는 "1+1" 문구가 눈에 들어온다. 잠시 망설이다가 결국 음료 두 개를 집어 들고, 나오면서는 계획에도 없던 간식까지 함께 계산하게 된다. 집에 돌아와 봉투를 내려놓는 순간 문득 생각이 스친다. 나는 필요한 것을 산 걸까, 아니면 "놓치면 아까울 것 같은 기회"를 산 걸까.

이 장면에서 흥미로운 점은 선택의 기준이 조용히 바뀌었다는 것이다. 처음에는 "이게 필요한가"를 기준으로 들어왔지만, "하나를 더 준다"는 조건이 붙는 순간 기준은 "이 기회를 놓치지 않는가"로 바뀌어버린다. 우리는 더 많은 것을 얻기 위해 선택했다고 느끼지만, 실제로는 손해를 피하기 위해 선택하는 경우가 많다. 그래서 무료는 단순한 혜택이 아니라, 선택의 방향을 바꾸는 강력한 장치가 된다.

심리학적으로 보면 인간은 이득을 얻는 것보다 "이득을 놓치는 상황"을 더 크게 느낀다. 그래서 필요하지 않다는 걸 알고 있어도, 무료로 하나를 더 받을 수 있다는 사실 앞에서는 그 기회를 놓치지 않으려는 쪽으로 선택이 기울어진다. 이때 우리는 합리적으로 판단했다고 느끼지만, 실제로는 기준이 바뀐 상태에서 선택을 하고 있는 것이다.

여기서 한 걸음 더 생각해보면, 무료라는 말은 단순히 가격을 낮추는 것이 아니라 판단의 기준 자체를 바꾸는 역할을 한다. 우리는 물건의 가치가 아니라 "얼마나 이득을 보고 있는가"를 기준으로 선택을 다시 계산하기 시작한다. 그래서 같은 물건이라도 무료라는 조건이 붙는 순간 전혀 다른 의미로 느껴지게 된다.

더 흥미로운 점은 이 과정이 거의 알아차려지지 않는다는 것이다. 우리는 스스로 선택을 통제하고 있다고 느끼지만, 실제로는 아주 짧은 순간에 기준이 바뀌고 그 기준에 따라 자연스럽게 행동하게 된다. 그래서 선택은 갑자기 바뀌는 것이 아니라, 기준이 바뀌는 순간 이미 방향이 정해지고 있는지도 모른다.

철학적으로 보면 인간은 언제나 고정된 기준으로 선택하는 존재가 아니라, 상황에 따라 기준을 바꾸며 의미를 만들어가는 존재다. 무료라는 조건은 우리가 무엇을 중요하게 생각해야 하는지를 조용히 바꿔놓는다. 그래서 우리는 같은 상황에서도 전혀 다른 선택을 하게 된다. 중요한 것은 선택 자체가 아니라, 그 선택을 가능하게 만든 기준의 변화다.

이 장면을 다시 떠올리면 자연스럽게 질문이 따라온다. 우리는 정말 더 많은 것을 얻기 위해 선택한 걸까, 아니면 단지 놓치기 싫어서 선택한 걸까. 이 질문을 한 번 던지는 순간, 우리는 같은 상황에서도 조금 다른 선택을 할 수 있게 된다. 무료라는 말은 여전히 매력적이지만, 그 말이 기준을 바꾸고 있다는 사실을 인식하는 순간 선택의 방향도 조금씩 달라지기 시작한다.

02

시간 제한이 붙는 순간
선택이 급해지는 이유

늦은 밤, 휴대폰을 보며 쇼핑을 하던 중 화면 한쪽에 "10분 남음"이라는 문구가 떠 있다. 원래는 가볍게 둘러보기만 하려던 상황이었는데, 시간이 줄어드는 숫자를 보는 순간 분위기가 달라진다. "지금 안 사면 끝날 것 같다"는 생각이 스치고, 손은 빠르게 결제 버튼으로 향한다. 결제를 마친 뒤에는 잠시 안도감이 들지만, 시간이 지나고 나면 그 선택이 정말 필요했는지 다시 생각하게 된다. 그 순간 선택을 만든 것은 물건이 아니라, "시간이 사라지기 전에 결정해야 한다"는 압박이었다.

이 장면에서 흥미로운 점은 선택의 기준이 조용히 바뀐다는 것이다. 처음에는 "이게 정말 필요한가"를 기준으로 보던 상황이, 시간이 제한되는 순간 "지금 결정을 내려야 하는가"로 바뀌어버린다. 우리는 더 좋은 선택을 하기 위해 고민한다고 느끼지만, 실제로는 선택을 빨리 끝내야 한다는 압박 속에서 기준을 바꾸고 있다. 그래서 시간 제한은 선택을 돕는 조건처럼 보이지만, 실제로는 선택의 속도를 바꾸는 장치에 가깝다.

심리학적으로 보면 인간은 시간이 부족하다고 느끼는 순간 사고의 폭이 급격히 좁아진다. 우리는 더 많은 가능성을 고려하기보다 가장 눈에 띄는 선택지에 집중하게 되고, 그 결과 빠르게 결정을 내리는 쪽으로 움직이게 된다. 이때 우리는 신속하게 판단했다고 느끼지만, 실제로는 충분히 보지 못한 상태에서 선택을 끝내고 있을 수도 있다.

여기서 한 걸음 더 생각해보면, 시간 제한은 단순히 빠르게 결정하게 만드는 것이 아니라 선택의 우선순위 자체를 바꿔놓는다. 우리는 원래 중요하게 생각하던 기준을 잠시 내려놓고, "지금 놓치지 않는 것"을 가장 중요한 기준으로 삼게 된다. 그래서 같은 선택이라도 시간이 충분할 때와 부족할 때 전혀 다른 결론에 도달하게 된다.

더 흥미로운 점은 이 변화가 거의 자연스럽게 일어난다는 것이다. 우리는 누군가에게 강요받은 것도 아닌데 스스로 서두르고, 그 선택을 당연하게 받아들인다. 그래서 선택은 외부에서 밀려오는 것이 아니라, 시간에 대한 인식이 바뀌는 순간 내부에서 이미 방향이 정해지고 있는지도 모른다.

철학적으로 보면 인간은 시간을 어떻게 느끼느냐에 따라 전혀 다른 방식으로 선택하는 존재다. 시간이 충분하다고 느낄 때 우리는 의미를 찾으려 하지만, 시간이 부족하다고 느끼는 순간 우리는 의미보다 결정을 먼저 선택하게 된다. 그래서 중요한 것은 실제 시간이 아니라, 우리가 그 시간을 어떻게 인식하고 있는가다.

이 장면을 다시 떠올리면 자연스럽게 질문이 따라온다. 우리는 정말 더 좋은 선택을 하기 위해 서둘렀던 걸까, 아니면 단지 놓칠 것 같은 기회를 붙잡기 위해 서둘렀던 걸까. 이 질문을 한 번 던지는 순간, 우리는 같은 상황에서도 잠시 멈춰볼 수 있는 여지를 가지게 된다. 시간은 계속 흘러가지만, 그 흐름 속에서 잠깐의 여유를 만들어내는 순간 선택의 방향도 조금씩 달라지기 시작한다.

03

처음 본 가격이
기준이 되어버리는 순간

주말 오후, 옷을 사러 매장에 들어선다. 가장 먼저 눈에 들어온 것은 30만 원짜리 재킷이다. 가격을 보는 순간 "생각보다 비싸네"라는 느낌이 들고, 다른 옷들을 둘러보기 시작한다. 그러다 18만 원짜리 재킷이 눈에 들어오자, 처음보다 훨씬 합리적으로 느껴진다. 평소 같았으면 쉽게 결정하지 않았을 가격이지만, 이미 머릿속에는 30만 원이라는 기준이 자리 잡고 있었기 때문이다. 계산을 마치고 나오는 길에 문득 생각이 스친다. 나는 이 가격이 괜찮다고 느낀 걸까, 아니면 비교 속에서 괜찮게 느낀 걸까.

이 장면에서 중요한 것은 우리가 가격 자체를 판단한 것이 아니라, "비교 속에서 가격을 느꼈다"는 점이다. 처음에 본 30만 원이 기준이 되면서, 그보다 낮은 가격은 자연스럽게 합리적으로 보이기 시작한다. 우리는 절대적인 기준으로 선택한다고 생각하지만, 실제로는 가장 먼저 접한 정보가 기준이 되어 이후의 판단을 이끌어간다. 그래서 같은 금액이어도 처음에 봤다면 전혀 다른 느낌이었을 가능성이 크다.

심리학적으로 보면 인간은 처음 접한 정보를 중심으로 판단을 형성하는 경향이 있다. 한 번 기준이 만들어지면 이후의 선택은 그 기준에서 크게 벗어나기 어렵다. 그래서 우리는 여러 정보를 비교한다고 생각하지만, 실제로는 이미 설정된 기준 안에서만 움직이고 있는 경우가 많다.

여기서 한 걸음 더 생각해보면, 기준은 고정된 것이 아니라 상황에 따라 쉽게 만들어지고 바뀐다는 점이다. 우리는 어떤 가격이 비싼지, 어떤 선택이 합리적인지를 스스로 판단한다고 믿지만, 사실은 처음 주어진 정보가 그 판단의 출발점을 만들어준다. 그래서 같은 사람도 어떤 정보를 먼저 보느냐에 따라 전혀 다른 선택을 하게 된다.

더 흥미로운 점은 이 기준이 사라지지 않고 계속 영향을 준다는 것이다. 처음에 본 가격은 그 순간만 영향을 주는 것이 아니라, 이후의 모든 선택을 해석하는 틀이 된다. 그래서 우리는 선택을 한 뒤에도 그 기준을 바탕으로 "잘 샀다" 혹은 "아쉽다"는 판단을 계속 이어가게 된다. 선택은 한 번으로 끝나는 것이 아니라, 기준 속에서 계속 평가되고 있는 셈이다.

철학적으로 보면 인간은 세상을 있는 그대로 인식하기보다, 주어진 기준 속에서 의미를 만들어가는 존재다. 처음 본 가격은 단순한 숫자가 아니라 이후의 선택을 이해하는 틀이 된다. 그래서 우리는 스스로 합리적으로 판단했다고 느끼지만, 그 판단은 이미 설정된 기준 위에서 이루어진 것일지도 모른다. 중요한 것은 무엇을 선택했느냐보다, 어떤 기준 안에서 선택하고 있었느냐다.

이 장면을 다시 떠올리면 자연스럽게 질문이 따라온다. 우리는 정말 그 가격이 적절하다고 느낀 걸까, 아니면 단지 더 비싼 것을 본 뒤라서 괜찮게 느낀 걸까. 이 질문을 한 번 던지는 순간, 우리는 같은 상황에서도 기준을 다시 바라볼 수 있게 된다. 처음 본 가격은 여전히 영향을 주지만, 그 사실을 인식하는 순간 선택은 조금 더 자유로워지기 시작한다.

04

선택지가 많아질수록
아무것도 고르지 못하는 이유

주말 저녁, 친구와 식당에 들어가 자리에 앉는다. 처음에는 "오늘은 그냥 파스타 먹자"라고 가볍게 생각했지만, 메뉴판을 펼치는 순간 상황이 달라진다. 크림, 토마토, 해산물, 매운맛, 트러플, 비건 메뉴까지 끝없이 이어지는 선택지 앞에서 시선이 멈춘다. 하나를 고르려고 할수록 다른 메뉴가 더 좋아 보이고, 결정은 점점 늦어진다. 결국 한참을 고민하다가 주문을 하지만, 음식을 기다리는 동안에도 선택이 계속 마음에 남는다. 차라리 처음 생각했던 대로 바로 골랐으면 더 편했을지도 모른다는 생각이 스친다.

이 장면에서 흥미로운 점은 선택지가 많아질수록 선택이 쉬워지는 것이 아니라 더 어려워진다는 것이다. 우리는 보통 선택지가 많으면 더 좋은 것을 고를 수 있다고 믿지만, 실제로는 비교해야 할 기준이 늘어나면서 결정 자체가 부담이 된다. 하나를 고르는 순간 다른 가능성을 포기해야 한다는 생각이 동시에 커지기 때문이다. 그래서 선택은 더 신중해지는 것이 아니라, 더 멈추기 어려워지는 방향으로 흘러간다.

심리학적으로 보면 인간은 선택지가 많아질수록 더 나은 선택을 해야 한다는 압박을 느낀다. 그래서 단순히 고르는 것이 아니라 "틀리지 않는 선택"을 하려고 하게 되고, 그 과정에서 판단이 늦어지거나 멈추게 된다. 이때 우리는 신중해지고 있다고 느끼지만, 실제로는 기준이 복잡해지면서 선택이 더 어려워지고 있는 상태.

여기서 한 걸음 더 생각해보면, 선택지가 많아진다는 것은 단순히 기회가 늘어나는 것이 아니라 기준을 정해야 할 부담도 함께 커진다는 의미다. 우리는 무엇을 고를지보다 어떤 기준으로 고를지를 더 오래 고민하게 되고, 그 기준이 명확하지 않을수록 선택은 더 길어지게 된다. 그래서 선택지가 많아질수록 자유로워지는 것이 아니라 오히려 방향을 잡기 어려워지는 경우가 많다.

더 흥미로운 점은 선택이 끝난 이후에도 그 영향이 남는다는 것이다. 선택지가 많았던 상황일수록 "다른 걸 골랐으면 어땠을까"라는 생각이 더 자주 떠오른다. 그래서 선택 자체보다 선택 이후의 만족감이 더 낮아지는 경우도 많다. 우리는 더 좋은 선택을 했다고 생각하지만, 실제로는 더 많은 비교를 남긴 선택을 했을지도 모른다.

철학적으로 보면 인간은 가능성이 많아질수록 자유로워지는 동시에 더 많은 책임을 느끼게 되는 존재다. 하나를 선택한다는 것은 수많은 다른 가능성을 내려놓는 일이기 때문이다. 그래서 우리는 선택을 통해 자유를 얻기보다, 오히려 그 선택의 무게를 느끼게 된다. 중요한 것은 선택지가 얼마나 많은가가 아니라, 그 안에서 어디에서 멈출 수 있는가다.

이 장면을 다시 떠올리면 자연스럽게 질문이 따라온다. 우리는 정말 더 좋은 선택을 하기 위해 고민했던 걸까, 아니면 더 많은 선택지 앞에서 멈추지 못했던 걸까. 이 질문을 한 번 던지는 순간, 우리는 같은 상황에서도 조금 더 빠르게 기준을 정할 수 있게 된다. 선택지는 줄어들지 않지만, 멈출 지점을 아는 순간 선택은 훨씬 가벼워지기 시작한다.

05

이미 시작한 것을
멈추지 못하게 되는 순간

주말 오후, 영화를 보러 극장에 갔다. 처음에는 기대감 속에서 자리에 앉지만 시간이 지날수록 이야기는 점점 느슨해지고 집중력도 흐려진다. 중간에 나가도 될 것 같다는 생각이 몇 번이나 스치지만, 쉽게 자리에서 일어나지 못한다. 이미 티켓 값을 냈고, 여기까지 봤다는 생각이 머릿속에 남아 있기 때문이다. 결국 영화는 끝까지 이어지고, 상영관을 나서는 순간 묘한 피로감이 남는다. 그 시간은 즐거움이라기보다, 이미 시작했기 때문에 멈추지 못한 선택에 가까웠다.

이 장면에서 중요한 것은 선택의 기준이 조용히 바뀌었다는 점이다. 처음에는 "이 영화가 재미있는가"를 기준으로 시작했지만, 어느 순간부터는 "여기까지 봤으니 끝까지 봐야 하는가"라는 기준으로 바뀌어버린다. 우리는 계속 이어가는 것이 자연스럽다고 느끼지만, 실제로는 이미 투자한 시간과 비용을 기준으로 선택을 이어가고 있는 경우가 많다. 그래서 선택은 현재의 만족보다 과거의 투자를 지키는 방향으로 기울어지기 시작한다.

심리학적으로 보면 인간은 이미 투자한 것을 쉽게 포기하지 못하는 경향이 있다. 그래서 시간이든 돈이든, 이미 들인 것이 클수록 선택을 멈추기보다 계속 이어가려 한다. 이때 우리는 손해를 줄이기 위해 계속 선택한다고 생각하지만, 실제로는 더 큰 손해를 이어가는 선택을 하고 있을 수도 있다. 선택은 현재를 기준으로 해야 하지만, 우리는 자주 과거에 묶인 기준으로 선택을 계속하게 된다.

여기서 한 걸음 더 생각해보면, 이 선택은 단순한 습관이 아니라 스스로의 판단을 인정받고 싶은 마음과도 연결되어 있다. 이미 선택을 했다는 것은 그 순간의 판단이 옳았다는 의미로 남아 있기 때문에, 우리는 그 판단을 스스로 부정하는 상황을 피하려 한다. 그래서 멈추는 대신 계속 이어가는 쪽을 선택하게 된다.

더 흥미로운 점은 이 과정이 반복될수록 멈추기 어려워진다는 것이다. 한 번 이어간 선택은 다음에도 비슷한 방식으로 이어질 가능성을 높이고, 그 흐름이 쌓일수록 멈추는 선택은 점점 더 어려워진다. 우리는 선택을 계속한다고 생각하지만, 실제로는 하나의 흐름 안에 점점 더 깊이 들어가고 있는지도 모른다.

철학적으로 보면 인간은 과거의 선택을 정당화하려는 존재다. 이미 시작한 것을 중간에 멈추는 것은 실패처럼 느껴지기 때문에, 우리는 그것을 끝까지 이어가며 의미를 만들어내려 한다. 하지만 모든 선택이 끝까지 이어져야 의미가 있는 것은 아니다. 때로는 멈추는 선택이 더 나은 방향이 될 수도 있다. 중요한 것은 얼마나 오래 이어왔는지가 아니라, 지금 이 선택이 여전히 의미가 있는가다.

이 장면을 다시 떠올리면 자연스럽게 질문이 따라온다. 우리는 정말 그 선택을 계속하고 싶어서 이어간 걸까, 아니면 이미 시작했기 때문에 멈추지 못했던 걸까. 이 질문을 한 번 던지는 순간, 우리는 같은 상황에서도 다른 선택을 할 수 있는 여지를 가지게 된다. 이어가는 것이 아니라 멈추는 선택을 할 수 있는 순간, 비로소 선택의 방향은 새롭게 바뀌기 시작한다.

06

내가 고른 선택을
더 좋아하게 되는 이유

카페에 들어서자 메뉴판이 눈에 들어온다. 아메리카노, 라떼, 바닐라 라떼, 콜드브루까지 익숙한 선택지들이 줄지어 있고, 잠시 고민하다가 결국 바닐라 라떼를 고른다. 주문을 마치고 자리에 앉은 뒤, 옆 테이블에서 누군가 마시는 다른 메뉴가 잠깐 눈에 들어오지만 곧 생각이 바뀐다. "그래도 내가 고른 게 더 맛있어 보이네." 한 모금을 마시는 순간, 방금 전까지의 고민은 사라지고 지금 선택이 가장 괜찮은 선택처럼 느껴진다.

이 장면에서 흥미로운 점은 선택 이후에 감정이 바뀐다는 것이다. 우리는 보통 좋아하는 것을 선택한다고 생각하지만, 실제로는 선택한 것을 더 좋아하게 되는 경우가 많다. 이미 선택을 했다는 사실이 기준이 되면서, 다른 선택지보다 지금의 선택을 더 긍정적으로 바라보게 된다. 그래서 같은 음료라도 "내가 고른 것"이라는 이유만으로 더 만족스럽게 느껴진다.

심리학적으로 보면 인간은 자신의 선택을 정당화하려는 경향이 있다. 선택을 한 뒤에도 다른 선택지가 더 좋아 보이면 불편함이 생기기 때문에, 그 불편함을 줄이기 위해 지금의 선택을 더 좋게 느끼도록 스스로를 설득한다. 이 과정에서 우리는 선택을 다시 평가하는 것이 아니라, 선택에 맞게 감정을 조정하게 된다.

여기서 한 걸음 더 생각해보면, 이 변화는 단순한 착각이 아니라 마음의 균형을 유지하려는 자연스러운 작용이다. 우리는 스스로 내린 선택이 틀렸다고 느끼는 상태를 오래 견디기 어려워하기 때문에, 선택에 맞춰 감정을 정리하며 안정감을 만들어낸다. 그래서 선택 이후의 만족감은 실제 결과보다도 "내가 선택했다"는 사실에서 더 크게 느껴진다.

더 흥미로운 점은 이 과정이 반복될수록 멈추기 어려워진다는 것이다. 한 번 선택을 긍정적으로 받아들이는 경험이 쌓이면, 우리는 점점 더 빠르게 자신의 선택을 옹호하게 되고, 다른 가능성을 덜 보게 된다. 그래서 선택은 점점 더 확신처럼 느껴지고, 그 확신이 다시 다음 선택에 영향을 주게 된다.

철학적으로 보면 인간은 일관성을 유지하려는 존재다. 스스로 내린 선택과 감정이 어긋나는 상태를 오래 유지하기 어려워하기 때문에, 우리는 선택에 맞게 생각과 감정을 정리한다. 그래서 우리는 합리적으로 선택했다고 느끼지만, 그 합리성은 선택 이후에 만들어진 것일지도 모른다. 중요한 것은 무엇을 선택했느냐보다, 그 선택을 어떻게 받아들이고 있느냐다.

이 장면을 다시 떠올리면 자연스럽게 질문이 따라온다. 우리는 정말 더 좋아서 그 선택을 한 걸까, 아니면 선택한 뒤에 더 좋아하게 된 걸까. 이 질문을 한 번 던지는 순간, 우리는 같은 상황에서도 선택 이후의 감정을 조금 더 객관적으로 바라볼 수 있게 된다. 선택은 끝나는 것이 아니라, 그 이후의 해석 속에서 계속 이어지고 있다는 사실을 알게 되는 순간 선택의 방식도 조금씩 달라지기 시작한다.

07

작은 성공 하나가
다음 선택을 바꾸는 이유

퇴근 후 헬스장에 들른다. 원래는 가볍게 한 번만 해보자는 마음으로 시작한 운동이었는데, 생각보다 몸이 잘 따라오고 마지막까지 버텨냈다는 느낌이 남는다. 집으로 돌아가는 길, 별다른 변화가 생긴 것은 아닌데도 묘하게 기분이 좋다. 다음 날이 되자 "어제도 했는데 오늘도 한 번 해볼까"라는 생각이 자연스럽게 떠오른다. 처음에는 부담 없이 시작했던 선택이, 어느 순간 다시 이어지는 선택으로 바뀌기 시작한다.

이 장면에서 중요한 것은 결과의 크기가 아니라, 그 경험이 만들어내는 느낌이다. 우리는 큰 성과가 있어야 다음 선택이 달라질 것이라고 생각하지만, 실제로는 아주 작은 성공 하나가 다음 행동의 방향을 바꾼다. "할 수 있다"는 느낌이 한 번 생기는 순간, 선택은 더 이상 낯선 일이 아니라 가능한 일이 된다. 그래서 변화는 거대한 결과에서 시작되는 것이 아니라, 작은 성공의 반복 속에서 만들어진다.

심리학적으로 보면 인간은 성공 경험을 통해 자신에 대한 기대를 조정한다. 한 번 해낸 경험이 쌓이면, 그 행동에 대한 부담은 줄어들고 다시 시도할 가능성은 높아진다. 그래서 중요한 것은 얼마나 크게 성공했느냐가 아니라, 그 행동을 "해본 경험이 있는가"다. 선택은 익숙해지는 순간 더 쉽게 이어지기 때문이다.

여기서 한 걸음 더 생각해보면, 작은 성공은 단순한 결과가 아니라 다음 선택을 가능하게 만드는 기준이 된다. 우리는 그 경험을 통해 "이 정도는 할 수 있는 일"이라는 범위를 스스로 확장하게 되고, 그 기준이 바뀌는 순간 이전에는 어려워 보였던 선택도 현실적인 선택으로 느껴지기 시작한다. 그래서 변화는 능력이 늘어서 생기는 것이 아니라, 기준이 바뀌면서 시작되는 경우가 많다.

더 흥미로운 점은 이 흐름이 반대로도 작용할 수 있다는 것이다. 작은 실패가 반복되면 우리는 점점 더 시도하지 않게 되고, 선택의 범위는 점점 좁아진다. 그래서 작은 성공 하나는 단순한 기분의 문제가 아니라, 앞으로의 선택을 넓히거나 좁히는 중요한 출발점이 된다. 선택은 결과보다 경험에 더 크게 영향을 받는다.

철학적으로 보면 인간은 반복 속에서 자신을 정의하는 존재다. 우리는 한 번의 선택으로 바뀌는 것이 아니라, 이어지는 경험 속에서 자신이 어떤 사람인지 스스로 이해하게 된다. 그래서 작은 성공이 쌓이는 과정은 단순한 변화가 아니라, 새로운 흐름을 만들어가는 과정이 된다. 중요한 것은 얼마나 크게 바뀌었는지가 아니라, 그 변화가 계속 이어질 수 있는가다.

이 장면을 다시 떠올리면 자연스럽게 질문이 따라온다. 우리는 정말 더 큰 목표를 이루기 위해 움직이는 걸까, 아니면 이미 경험한 작은 가능성을 다시 이어가기 위해 선택하는 걸까. 이 질문을 한 번 던지는 순간, 우리는 같은 상황에서도 조금 더 가볍게 다음 선택을 시작할 수 있게 된다. 변화는 멀리 있는 것이 아니라, 이미 해본 작은 성공에서 다시 시작되고 있는지도 모른다.

08

중요한 선택일수록
오히려 미루게 되는 순간

메일에 이력서를 첨부해두었다. 오래 고민해온 지원서인데, 이제 보내기 버튼만 누르면 된다. 내용을 한 번 더 읽어보고, 오탈자도 확인하고, 조건도 충분히 검토했지만 손은 쉽게 움직이지 않는다. "조금만 더 다듬고 보내야지"라는 생각이 들면서 창을 닫고, 다시 열고, 또 미루게 된다. 시간이 지나면서 점점 더 부담이 커지고, 처음보다 더 시작하기 어려운 상태가 되어버린다. 그 순간 미뤄진 것은 선택이 아니라, 선택을 해야 하는 책임이었다.

이 장면에서 흥미로운 점은 중요할수록 더 빨리 결정해야 할 것 같지만, 실제로는 더 미루게 된다는 것이다. 우리는 중요한 선택일수록 더 완벽하게 하고 싶어 하고, 그 과정에서 실수를 피하려는 마음이 커진다. 그래서 선택을 하기보다 준비를 계속 이어가게 되고, 그 준비가 길어질수록 선택의 순간은 점점 더 멀어진다.

심리학적으로 보면 인간은 결과의 영향이 클수록 실패에 대한 부담을 더 크게 느낀다. 그래서 잘못된 선택을 하는 것보다 선택 자체를 미루는 쪽이 더 안전하게 느껴진다. 이때 우리는 신중하게 판단하고 있다고 생각하지만, 실제로는 불확실한 결과를 피하기 위해 선택을 뒤로 미루고 있는 경우가 많다.

더 흥미로운 점은 시간이 지날수록 선택이 더 쉬워지는 것이 아니라 오히려 더 부담스러워진다는 것이다. 처음에는 단순한 결정이었던 것이, 시간이 지나면서 점점 더 많은 의미와 기대를 담게 된다. 그래서 우리는 더 잘하려고 할수록 더 시작하지 못하는 상황에 머무르게 된다. 선택은 그대로인데, 그 선택을 바라보는 마음이 점점 무거워지는 것이다.

이 장면을 다시 떠올리면 자연스럽게 질문이 따라온다. 우리는 정말 더 좋은 선택을 하기 위해 미루고 있는 걸까, 아니면 선택 이후의 결과를 마주하기 두려워서 미루고 있는 걸까. 이 질문을 한 번 던지는 순간, 우리는 같은 상황에서도 조금 더 가볍게 선택을 시작할 수 있게 된다. 완벽한 순간을 기다리기보다, 지금의 조건에서 한 걸음을 내딛는 순간 선택의 흐름도 다시 움직이기 시작한다.

에필로그

우리는 이미 다른 선택을 시작하고 있다

어느 날, 평소처럼 퇴근하던 한 사람이 있었다. 늘 같은 길, 같은 시간, 같은 생각 속에서 집으로 향하던 길이었다. 그런데 그날은 이상하게도 발걸음이 조금 느려졌다. 이유는 특별하지 않았다. 그냥 문득, "지금 나는 왜 항상 이 길로만 가고 있을까"라는 생각이 떠올랐기 때문이다. 그는 잠시 멈춰 서서 주변을 둘러봤고, 평소에는 보지 않던 골목 하나가 눈에 들어왔다. 그리고 별다른 이유 없이 그 길로 발걸음을 옮겼다. 그 선택은 아주 작았고, 아무 일도 일어나지 않은 것처럼 평범했지만, 그날 이후 그의 퇴근길은 조금씩 달라지기 시작했다.

우리는 흔히 변화를 거창한 것으로 생각한다. 그래서 인생이 바뀌려면 큰 결심이 필요하고, 특별한 계기가 있어야 한다고 믿는다. 하지만 실제로 흐름이 바뀌는 순간은 그렇게 눈에 띄지 않는다. 오히려 아주 사소한 선택 하나, 이전과 조금 다른 생각 하나에서 시작되는 경우가 많다. 그리고 그 변화는 처음에는 거의 느껴지지 않다가, 시간이 지나면서 점점 분명해진다.

한 사람은 늘 같은 자리에서 같은 방식으로 일하던 중, 어느 날 회의에서 처음으로 다른 질문을 던졌다. "이 방법 말고 다른 방식은 없을까요." 그 질문 하나로 바로 모든 것이 바뀌지는 않았다. 하지만 그 날 이후 그는 이전과는 다른 시선으로 일을 바라보기 시작했고, 조금씩 다른 선택을 이어가기 시작했다. 몇 달 뒤, 그는 이전과는 전혀 다른 역할을 맡고 있었다. 시작은 단 하나의 질문이었다.

또 다른 사람은 늘 늦게까지 휴대폰을 보며 시간을 보내던 습관이 있었다. 그는 여러 번 "이제는 바꿔야지"라고 다짐했지만 쉽게 달라지지 않았다. 그러다 어느 날, 잠들기 전 단 한 가지 행동만 바꿔보기로 했다. 침대에 눕기 전에 휴대폰을 다른 방에 두는 것이었다. 처음에는 어색했지만, 그 작은 변화는 며칠 뒤 더 자연스러워졌고, 어느 순간 그는 이전보다 훨씬 빨리 잠드는 자신을 발견하게 되었다. 큰 결심이 아니라, 작은 방식 하나가 흐름을 바꾸고 있었다.

우리는 종종 "나는 아직 준비가 안 된 것 같아"라고 말하며 선택을 미룬다. 더 나은 순간, 더 확실한 타이밍을 기다린다. 하지만 생각해보면 우리는 이미 수많은 선택을 하고 있다. 그리고 그 선택 중에는 이전과 조금씩 다른 방향으로 움직이고 있는 순간도 분명 존재한다. 단지 우리가 그것을 크게 느끼지 못할 뿐이다.

중요한 것은 완벽하게 바꾸는 것이 아니라, 이미 시작된 작은 변화를 알아차리는 것이다. 우리는 이미 다르게 생각하고 있고, 이미 다르게 행동하고 있으며, 이미 이전과는 다른 흐름 위에 서 있는지도 모른다. 그 사실을 인식하는 순간, 선택은 더 이상 부담이 아니라 가능성이 된다.

우리는 아직 완전히 달라진 사람이 아닐 수 있다. 하지만 분명한 것은, 우리는 이미 다르게 선택하기 시작하고 있다는 것이다. 그리고 그 작은 변화들이 이어지는 순간, 어느 날 돌아보게 될 것이다.

"나는 언제부터 이렇게 달라졌지."

선택이 반복되는 순간들에 대한 이야기

우리는 왜 잘못된 선택을 반복할까

초판 1쇄 발행 2026년 5월 20일

지은이 김영도
펴낸이 백광석
펴낸곳 다온길

출판등록 2018년 10월 23일 제2018-000064호
전자우편 baik73@gmail.com

ISBN 979-11-6508-667-1 (03100)

잘못 만들어진 책은 구입하신 서점에서 교환해 드립니다.
책값은 뒤표지에 있습니다.